트위터 200% 활용
7일 만에 끝내기

트위터 200% 활용

7일 만에 끝내기

· 혜민아빠
홍순성 지음 ·

살림

　어느새 트위터 사용자가 50만이 넘었다는 통계가 나왔다. 트위터는 이전의 다른 어떤 인터넷 서비스보다 빠른 성장을 보이며 더욱 더 관심이 높아지고 있으며, 그만큼 폭넓은 정보와 자료가 생산되고 있다.

　정부와 기업도 기존의 언론과 대중 미디어를 통한 소통만을 고집하기보다 개인들(국민, 소비자)과 직접적인 소통을 해야만 하는 시대가 온 것이다.

　한 기업의 대표와 인터뷰할 때 "트위터를 왜 하시나요? 앞으로 어떤 변화가 일어날 것으로 전망하시나요?"라는 질문을 드린 적이 있다. 그때 그분은 이렇게 대답했다.

　"트위터는 새로운 정보와 트렌드를 파악할 수 있어서 좋습니다. 또 계속 접하다 보니 친근하고 가깝게 느껴지더군요. 트위터는 하나의 흐름이므로 지금 소통의 기회를 놓치면 나중에 후회하게 될 것입니다. 아직은 초기 단계이므로 적응하기도 비교적 쉽다고 볼 수 있으니까요. 그리고 앞으로 트위터가 담당해 나갈 역할은 세대간의 소통, 지역간의 소통, 나라 안의 소통, 외국과의 소통 등 무궁무진하다고 볼 수 있습니다."

필자 역시 트위터가 다양한 계층에서 서로간의 부족한 대화를 연결해 줄 수 있는 소통 방식으로서 새로운 패러다임이 될 거라고 생각한다.

처음에는 트위터에 한 트윗당 140자라는 문자 제한이 있어서 표현에도 제약이 많을 것으로 생각했지만, 지금까지의 경험을 통해 140자만으로도 세상의 모든 정보와 자료를 담기에 충분하다는 것을 알게 되었다.

또한 지금은 트위터가 스마트폰과 결합해 이동하면서도 사용할 수 있는 환경이 되어 앞으로 정보 전달 속도가 얼마나 빨라지고 정보 유통의 범위가 어디까지 확산될지 아무도 점칠 수 없는 상황이다. 이미 트위터는 세계의 모든 뉴스를 제공하고 있으며 세계 언론에서도 직접 채택해서 사용할 정도로 성장했다.

트위터는 업무 관련 영역뿐 아니라 개인의 관심 분야에서도 정보를 수집하고 관리하기에 매우 효율적이어서 기존의 검색과 미디어 활용을 대체할 수도 있다.

특히 트위터의 세계에서는 국내외의 다양한 전문가들을 만날 수 있다. 매일 쏟아져 나오는 뉴스와 새로운 정보를 전문가의 의견과 함께 제공 받을 수 있으므로 이전보다 적은 시간을 들여 값진 정보를 얻을 수 있다는 것, 이것이 트위터의 가장 큰 장점이라고 할 수 있다.

필자가 이 책을 쓰게 된 동기는, 사람들이 트위터 가입 후 낯선 용어에서부터 막혀 포기하는 사람들이 많고, 편리하고 놀라운 기능을 제대로 활용할 줄 아는 사용자가 생각보다 적다는 것을 알았기 때문이다.

또한 스마트폰 사용자가 늘어나면서 트위터 역시 다양한 연령층으로 확산되어 누구나 쉽게 배울 수 있는 사용법의 필요성이 날로 커지고 있기 때문이다.

따라서 이 책에는 트위터 가입 후 초기의 어려움을 빨리 극복할 수 있도록 트위터 용어와 주요 기능부터 쉽게 설명한 다음 매력적인 메시지 만드는 법, 나아가 트위터 파워 유저가 될 수 있는 효율적 활용법까지 다루었다.

무엇보다 트위터의 매력은 작은 아이디어와 의견들을 사람들과 공유하면서 더욱 의미있는 내용으로 발전시킬 수 있다는 것이다. 또한 자료를 블로그와 트위터로 공유하면서 관련 부분에 대해 더욱 폭넓은 소통을 할 수도 있다.

이제 RSS 구독자들마저 트위터로 들어와 정보 수집에 트위터를 활용하고 있으니 정보 수집, 생산, 소비, 유통의 모든 과정이 트위터에서 이루어지게 된 것이다. 앞으로는 더 많은 사용자들이 이런 변화를 느끼게 될 것이다.

많은 분들이 트위터를 통해 자신의 정보를 값진 것으로 만들고 의미 있는 소통을 해 나가는 데 이 책이 좋은 밑거름이 될 수 있다면 더없이 행복하겠다.

홍순성

contents

Seven Days Master Series

step 1

트위터란 무엇인가

세상을 바꾸는 140자의 매력

전 세계가 트위터 열풍

미국의 오바마 대통령, 오프라 윈프리, 래리 킹도 사용한다는 트위터(Twitter). 빌 게이츠는 가입 후 하루 만에 수십만 팔로어를 확보했다고 하고, 소프트뱅크 회장 손정의는 "이렇게 즐거운 것을 남에게 시킬 수 없다!"며 그 매력에 푹 빠져 있다고 한다.

한국에서는 피겨 스케이팅 올림픽 금메달리스트 김연아가 트위터를 통해 전 세계 팬들과 교류하고 있고, 영화배우 박중훈이 영화 촬영 소식을 꾸준히 전하고 있으며, 강원도 화천에 살고 있는 작가 이외수는 매일 140자의 글을 써 내려가고 있다.

누구나 유명한 사람의 글을 특별한 허락 없이 날마다 읽

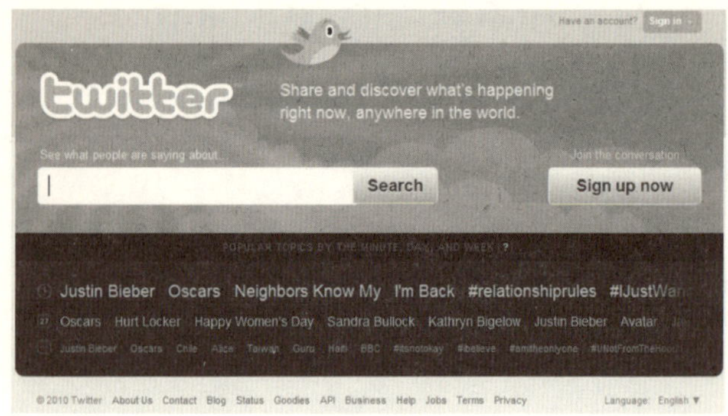

트위터 메인 이미지

을 수 있고 댓글을 달아 대화까지 나눌 수 있다. 바로 그런 점이 트위터의 매력 아닐까.

트위터는 스마트폰과 결합하여 앞으로 사용자 수가 날로 늘어날 것이고, 다음과 같은 서비스와 기능도 더욱 발전할 것으로 전망된다.

첫째, 실시간 뉴스 전송 기능. 사건 현장에서 스마트폰으로 사진 및 동영상을 찍어서 즉시 트위터에 전송하면 누구나 특종 기자가 될 수 있다.

둘째, 위치 기반 서비스(LBS)의 확장. 식당이나 행사장에 가서 사진을 찍어 올릴 때 위치 정보를 같이 제공하는 경우가 있는데, 같은 장소에 있다면 바로 연결을 통해 만날 수도 있고, 식당이나 행사장 소개도 동시에 제공된다.

최근에는 많은 사람들이 위치 정보와 SNS(Social Net-work Service)가 결합된 모바일 서비스인 '포스퀘어(Four-square)'를 이용하고 있고, 누가 어디에서 뭘 하고 있는지 트위터로도 꾸준히 소식을 전달 받고 있다.

누구나 트위터로 특종 기자가 될 수 있다

2009년 초, 뉴욕 허드슨 강에 비행기가 불시착한 사건이 발생했다. 그때 현장 근처에 있던 사람이 유람선을 타고 가다가 사고를 목격하고는 즉시 아이폰을 꺼내 사진을 찍어서 메시지와 함께 트위터로 보냈다.

http://twitpic.com/135xa - There's a plane in the Hudson. I'm on the ferry going to pick up the people. Crazy.

jkrums
Janis Krums

허드슨 강에서
여행 도중 올린 트윗 메시지
http://twitter.com/jkrums/
status/1121915133

@jkrums：http://twitpic.com/135xa

There's a plane in the Hudson. I'm on the ferry going to pick up the people. Crazy. (허드슨 강에 비행기가 있다. 나는 구조하러 가는 배에 타고 있다. 미치겠다.)

　전송 내용은 트위터의 리트윗(retweet, 팔로어의 트윗에 그대로 업로드되는 것. 줄여서 RT라고 씀.)을 통해 빠르게 퍼져나갔고 세계의 언론들이 그 사진과 메시지를 그대로 보도했다. 그것은 트위터를 통한 시민 기자의 탄생을 전 세계

언론에 실린 허드슨 강 비행기 불시착 사건

에 알린 또 하나의 사건이었다.

국내에도 이와 비슷한 사례가 있었다. 2009년 강남 파이낸스 빌딩에 화재가 발생했을 때, 화재 현장 사진과 동영상이 트위터의 리트윗을 통해 빠르게 전파되었고 언론에까지 보도되었다.

이미 전통적인 미디어가 트위터를 통한 실시간 보도를 따라잡을 수 없는 상태가 된 것이다. 그리고 누구든지 스마트폰을 갖고 140자의 정보를 보낼 수만 있다면 시민 기자가 되어 특종을 잡을 수 있는 시대가 되었다.

트위터가 뭐기에?

그렇다면 트위터란 무엇인가? 일반적으로는 '광장'이라고 표현하는데, 온라인 백과사전 〈위키피디아〉에서는 이렇게 정의하고 있다.

트위터는 무료 소셜 네트워킹이자 마이크로블로그 서비스이다. 사용자들은 단문 메시지 서비스(SMS), 인스턴트 메신저, 전자 우편(e-mail) 등을 통해 트윗(Twit, 140자 이내의 문자)을 트위터 웹사이트로 보낼 수 있다.

또한 '트위터'의 사전적 정의는 이러하다.

1. (새가) 지저귀다
2. (새가) 지저귀며 ……을 나타내다, (사람이) ……을 속
   삭이듯 말하다
3. 지저귐

트위터는 소셜 네트워크 서비스(SNS)로서 마이크로블로그(microblog)라고도 부른다.

트위터 공동 창업자인 에반 윌리엄스(Evan Williams)는 친구들이 뭘 하고 있는지 궁금해서 쉽게 단문 메시지를 주고받을 수 있는 트위터를 만들었다고 한다.

기가트윗(GigaTweet, 트위터에 등록된 트윗 수를 카운트하

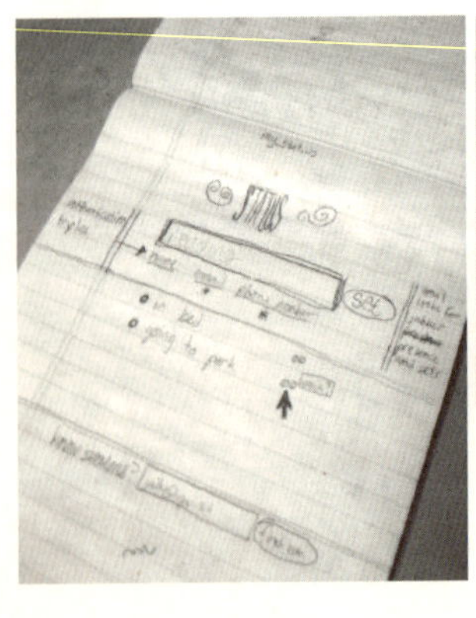

트위터 스케치(왼쪽)와
트위터 CEO 에반 윌리엄스(오른쪽)

는 사이트) 자료에 의하면 2010년 3월 5일 100억 트윗이 넘었다고 한다. 참고로 2009년 11월에 50억 트윗을 넘긴 이후 4개월 만에 다시 50억 트윗을 달성한 것이다.

100억 돌파 화면 - 기가트윗 http://popacular.com/gigatweet/

■ 트위터에 관한 각종 통계치들(2010. 4. 15 현재)

• 105,779,710명의 회원 수(약 1억 500만 명)

• 매일 30만 명 신규 가입

• 매일 6억 건의 검색

• 매달 1억 8,000만의 UV(unique visitors)

• 37% 이용자가 휴대폰을 통해 트윗 진행

• 지난해 직원 수 25명에서 현재 175명

• 75%의 트래픽이 별도의 트위터 클라이언트 접근

• 60%의 사용자가 미국이 아닌 곳에서 유입

에반 윌리엄스가 트위터 개발자 컨퍼런스에서 발표한 통계

• 10만 개의 트위터 어플리케이션

많은 사람들이 트위터는 하나의 작은 세계와 같다고 말한다. 또 라디오와 TV가 처음 나왔을 때처럼 세상이 완전히 바뀔 거라고 말하는 사람도 있다.

국내에도 트위터 바람이 불어 사용자 수가 어느덧 20만 명을 넘었고, 실시간 트위터 방송도 진행되고 있다. 옥동자라는 별명으로 알려진 개그맨 정종철(@OkdongjaU)은 트위터에 관해 이렇게 설명했다.

"광장에서 메가폰을 들고 외치는데, 지금 안 듣는 사람도 나중에 입소문을 통해 듣게 된다. 커다란 광장에 수천 명이 떠들고 있는데 내가 관심 있는 얘기가 들리면 끼어들어서 같이 좀 떠들다가 편하게 나올 수 있는 곳이다."

여기서 '광장'은 트위터, '메가폰'은 팔로어들, '안 듣는 사람'은 팔로하지 않은 사람, '입소문'은 리트윗을 의미한다. 소통 방식은 기존의 채팅이나 이메일과 다르다. 공개적인 채팅이면서 트윗을 주고받는 팔로어들과 리트윗으로 통하는 트위터리언(트위터 이용자)들이 참여한다.

트위터의 장점

트위터의 장점은 크게 4가지를 들 수 있다.

① 단순성 : 140자라는 단순한 형식 덕분에 사용자들이 편하게 이용할 수 있다.

② 접근용이성 : 다양한 모바일 단말기로 메신저처럼 쉽게 접근할 수 있다.

③ 속보성 : 누구나 접근이 용이하므로 사건 사고가 발생하면 그 즉시 사진이나 동영상이 올라올 정도로 정보 전달 속도가 빠르다.

④ 대중성 : 트위터에서는 언제 어디서나 쉽게 사용자가 쓸 수 있도록 오픈 API(Open Application Programming Interfaces)를 지원한다. 이로 인해 다양한 운영 체제 및 모바일 단말기에서 사용할 수 있도록 클라이언트가 개발되어 있다.

그렇다면 트위터에 올라오는 내용은 어떤 것인가? 트위터는 신문이나 TV, 인터넷 등에 올라온 뉴스와 정보를 소개하거나, 사람들의 다양한 생각과 의견, 경험, 관점을 공유하고 소통하는 내용들로 이루어진다.

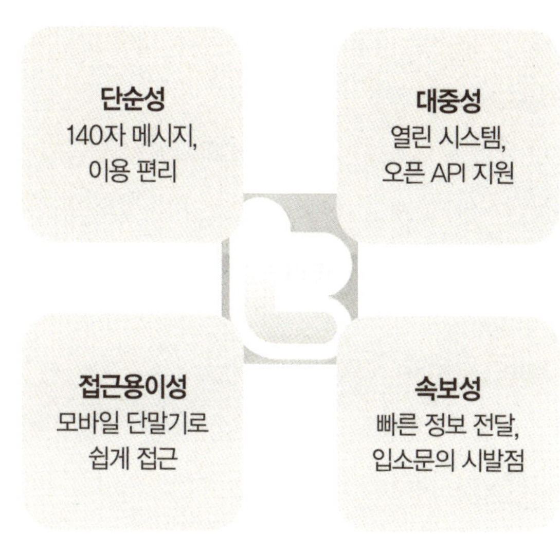

트위터의 장점 4가지

트위터를 통해 직장인은 실시간으로 세상 돌아가는 이야기를 들을 수 있고, 누구의 눈치도 보지 않고 하고 싶은 이야기를 할 수 있으며, 관심 분야에 대한 최신 정보를 빠르고 쉽게 접할 수 있다. 새로운 직장을 찾는다면 희망 직업에 대한 정보를 얻는 데 활용할 수도 있다.

한편 트위터 계정을 갖고 있는 기업은 고객을 가장 가까운 위치에서 만날 수 있다. 고객 의견을 실시간으로 접수해서 불만 사항을 줄일 수 있고, 고객과 흥미로운 이벤트를 만들어 갈 수도 있기 때문에 트위터를 활용하는 기업이 점점 늘고 있다.

또한 기업 운영자는 트위터를 통해 많은 사람들과 관계를 쌓을 수 있고, 개인 브랜드를 확장할 수 있으며, 전문가들의 조언을 구해 업무에 활용할 수도 있다.

평소 트위터에는 쓸데없는 말이 오가는 것 같다가도 중요한 일이 발생하면 금세 적극적이고 진지한 대화의 장이 된다. 트위터가 단순한 수다 공간이 아니라 자정 능력을 지닌 사회적 미디어로서 그 역할을 충분히 담당할 수 있다는 것은 벌써 여러 사례를 통해 입증되었다.

그리고 트위터를 단지 140자의 메시지라고만 생각하면 오산이다. 트위터는 사진이나 동영상 등 다양한 미디어 방식으로 올라온 내용을 갖고 140자 이내의 문자로 소통하면서 실시간으로 정보가 전달되는 커뮤니케이션 매체이다. 정보 확산 속도는 언론의 속보성을 능가하므로 앞으로 트위터의 영향력은 점점 더 커질 것으로 보인다.

트위터 홈페이지(http://www.twitter.com)를 방문하면 "지금 무엇을 하고 있나요(What are you doing)?"라는 간단한 질문과 최대 140자까지 쓸 수 있는 문자 입력 창이

트위터 홈페이지의 140자 입력 창

나타난다. 글을 올리는 사람이나 읽는 사람 모두 빠르고 가볍게, 부담 없이 이용할 수 있는 형식이다.

최근에는 홈페이지 질문이 "무슨 일이 있나요(What's happening)?"로 바뀌었다. 사소한 일상이든 중대한 사건이든 현장에서 일어나는 일을 바로 알릴 수 있다.

소셜 네트워크의 미래를 여는 트위터

뉴스의 개인 유통 시대

최근 필자의 라이프스타일에도 큰 변화가 일어났다. 아침에 일어나면 현관문을 열고 신문을 집어 들고 신문 냄새를 맡아 가며 꼬박꼬박 읽던 것이 바로 작년의 일이다.

지금은 스마트폰(아이폰)을 갖고 각 신문사 어플을 이용해 어떤 기사가 올라왔는지 살펴본다. 과거에는 단순히 뉴스를 소비했지만 이제는 직접 뉴스 생산에 참여해 트위터로 기사나 정보를 소개하고 그것이 재소비되는 형태로까지 이어지게 된 것이다.

또 요즘에는 전문 블로그의 RSS(Really Simple Syndication) 구독률이 높아지면서 사람들은 자신에게 관심 있는 뉴스를 집중적으로 접할 수 있게 되었다. 그중에 뉴스 밸

류가 높은 기사는 다시 트위터로 올려져 더 많은 사람들에게 유통된다. 그만큼 개인들의 의사 소통의 장이 넓어진 것이다.

이 같은 상황에서 크게 달라진 것은 사람들이 뉴스를 접하는 시점이다. 얼마 전까지만 해도 종이 매체나 포털 사이트를 통해 접하던 뉴스를 이제 트위터를 통해 접하고, 의견을 공유하고 토론하는 사람들의 참여율도 높아지고 있어서 더욱 흥미롭다.

필자가 트위터에 유통하고 있는 많은 정보는 블로그와 언론에서 제공하는 RSS 구독을 통해 얻는다. 예전에는 혼자 읽으면서 중요한 내용에 북마크를 했지만 이제 다른 사람들과의 정보 공유와 콘텐츠 소통으로 이어진다.

이렇게 개인이 생산한 정보와 콘텐츠들은 다른 트위터 사용자들과 함께 소비하고 대화를 나누면서 더욱 풍부해져 리트윗(Retweet)을 통해 빠르게 전파되기도 한다.

폭발적 영향력을 발휘하는 리트윗

정보 소개뿐 아니라, "수술 중인 아내가 피가 모자란다." 같은 구조 요청 메시지가 트윗으로 올라오면 리트윗을 통

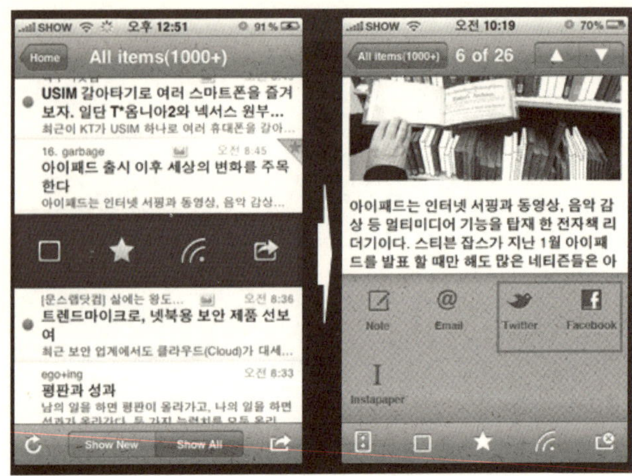

아이폰 모바일 어플을 이용해 트위터에 메시지를 전송하는 화면

해 확산되는 트위터의 영향력은 가히 폭발적이 된다.

특이한 것은 전문 블로거가 발행한 기사들이 얻는 신뢰가 기존의 언론에서 제공하는 기사 못지않기에 트위터를 통한 정보 소비가 점점 더 늘고 있다는 점이다.

물론 아직 다양한 분야의 정보가 제공되고 있지는 않지만 트위터 사용자층이 늘어남에 따라 정보의 양도 많아지고 종류도 다양해질 것이다.

언론에서도 트위터를 운영하여 뉴스 정보의 소비를 늘리려고 시도하고 있지만 얼마나 오래 갈지는 미지수다. 왜

나하면 트위터의 생명력은 바로 소통 방식에 달려 있고, 대부분의 언론은 거기에서 벗어나 있기 때문이다.

실시간 트위팅으로 만드는 신문 〈트위터 타임스〉

해외에는 트위터의 전파력을 이용해 실시간으로 제공되는 뉴스 서비스인 〈트위터 타임스〉가 탄생했다.

〈트위터 타임스〉는 기사에 대해 얼마나 많은 사람들이 관심을 갖고 있는지, 많이 읽는지를 체크하여 제공하는 실시간 뉴스 플랫폼을 갖고 있다.

즉 내가 팔로잉(following)하고 있는 사람들과 그 사람들이 팔로잉하고 있는 사람들의 네트워크를 실시간으로 조사해서 하루 또는 시간 단위로 업데이트된 정보를 발행하는 신문이다.

〈트위터 타임스〉에서는 이런 기능을 촉진하기 위해, 기사에 자신이 직접 팔로잉하는 사람이 올린 글인지 아니면 팔로잉한 사람이 팔로잉하는 사람의 글인지가 표기되고, 쉽게 다시 팔로잉할 수 있도록 링크가 제공된다. 또한 해당 뉴스의 리트윗 기능을 제공하기 때문에 자연스럽게 자신의 트위터 커뮤니티에도 뉴스를 전파할 수 있다.

〈트위터 타임스〉 @hongss 화면 – http://twittertim.es/hongss

소통 방식의 변화 단계

트위터의 속보성과 전파력은 이미 기존 언론의 유통 방식으로는 따라갈 수 없는 상황이다. 그러니 국내 언론도 관망하며 고민해 볼 필요가 있지 않을까 싶다.

만약 광화문에 커다란 사건이 갑자기 발생했다고 치자. 현장에 있던 시민들이 사진과 동영상을 찍어 트위터로 정보를 유통시키면 2차, 3차 유통이 일어나면서 전파력은 엄청나게 커질 것이다.

기업의 소통 방식도 지금까지는 신문이나 잡지, TV 광고 등을 통해 수용자에게 일방적으로 전달하는 방식이었지만, 앞으로는 사람들과 직접 소통하는 방식으로 달라져야 할 것이다.

　과거 200여 년 동안 사람들의 소통 방식은 어떻게 변화되어 왔을까? 매스 미디어가 없던 시대에는 사람들과 직접 만나서 이야기하는 것이 유일한 소통 방법이었다. 이후 인쇄술이 발달하면서 점차 신문과 잡지가 그것을 대체했고, TV가 주도하는 시대로 이어져 왔다.

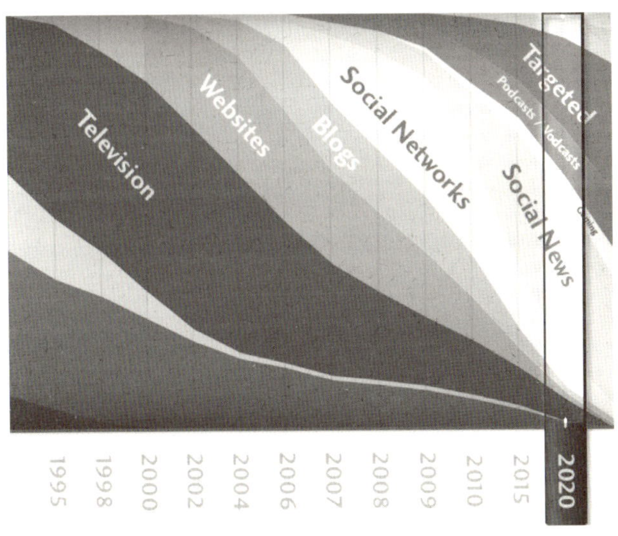

소통 방식의 단계
http://www.baekdal.com/articles/management/market-of-information

그리고 1998년에 인터넷이 탄생하고 웹사이트가 만들어지면서 똑똑해진 웹 어플리케이션으로 주도권이 넘어가게 되었다.

2007년에는 블로그가 급격히 성장하면서 신문과 잡지의 영향력이 훨씬 떨어졌고, 지금은 소셜 네트워크 시대로 접어들었다.

지금은 트위터 세계를 경험하면서 앞으로 점차 소셜 네트워크 의존도가 커지고 소셜 뉴스 발행 매체의 힘이 더욱 성장할 거라는 예측을 해 본다.

지금은 리얼 타임 모바일 웹 시대

모바일로 내보내고 시청할 수 있는 트윗 방송

지금은 리얼 타임 모바일 웹의 시대이다. 사건이 발생하면 모바일로 현장 소식을 전송하고, 모바일을 통해 사건 뉴스를 접하는 시대로 접어들었다. 달리 표현하면 뉴스가 동적으로 제공되고, 동적인 뉴스와 정보를 실시간으로 제공 받을 수 있는 시대다.

버스를 타고 광화문에 내렸다. 어디선가 행사를 하고 있는지 음악 소리가 들려왔고 가까이 가 보니 야외에서 라이브 콘서트를 하고 있었다.

이걸 혼자 보는 것보다 트위터에 실시간으로 내보내면 어떨까 싶어 곧바로 노트북과 웹캠을 활용해 방송을 시도했다. 트위터로 방송을 시청하는 분들과 함께 가수 이름을

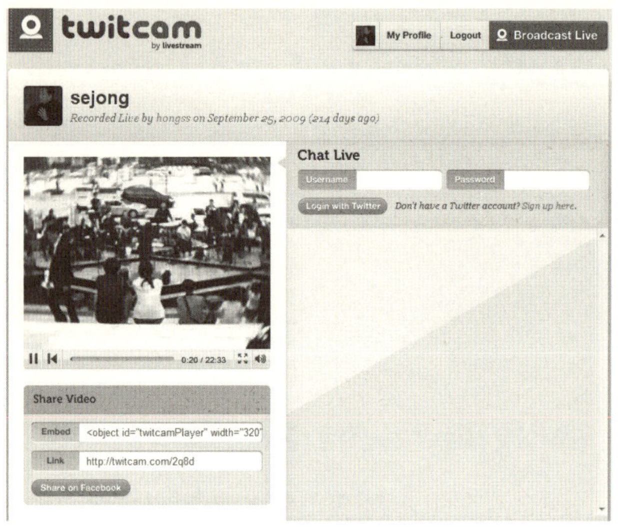

2009년 9월에 진행한 트윗캠 방송 화면
http://twitcam.com/2q8d

묻고 답하고 하면서 30분 동안 콘서트를 즐겼다. 이렇게 리얼 방송을 시작한 것이 지난 2009년 9월이었다.

올 초에는 저녁 8시쯤 이대 앞 헤어 살롱에 다섯 명의 남자가 '트위터러의 수다'라는 프로그램 생방송을 위해 모였다.

헤어 살롱에는 별도의 방송 장비가 없었다. 방송 출연자들이 손에 스마트폰을 하나씩 들고 트위터로 방송 시작 알림 메시지를 보내는 것이 전부였다. 8시 정각부터 5명의

'트위터러의 수다' 방송 장면(위)과 방송 장비(아래)

남자가 한 명씩 소개되며 생방송이 진행되었다.

이날 방송 장비로 활용한 것은 스마트폰이었고, 한 시간 동안 진행하는 데 큰 어려움은 없었다. 방송 중에 TV 방송과 달리 중간 중간 시청자들의 질문이 올라왔고, 실시간으로 바로 답변이 나갔다.

트윗 방송은 진행자와 시청자가 함께 이야기할 수 있고, 때로는 시청자들끼리도 대화를 주고받을 수 있어서 시청자 참여율이 더 커지고 있다.

평상시에 전화기로 사용하던 모바일 단말기를 곧바로 방송 장비로 사용할 수 있기에 트윗 방송도 가능했다. 무거운 방송 장비가 따로 필요하거나, 전용 캠코더 장비가 있어야 했다면 쉽게 할 수 없었을 것이다.

지금은 내 앞에 큰 사건이 발생했을 때 누구나 생방송 보도를 할 수 있는 시대가 된 것이다. 사건은 예고 없이 일어나게 마련이고, 기자가 사건 현장에 실시간으로 배치될 수 없는 한 시민들이 제공하는 뉴스 속보의 힘은 앞으로 더 커져 갈 수밖에 없다.

누구나 스마트폰을 통해 방송이나 뉴스를 생산할 수 있고, 접속 가능한 기기만 있으면 뉴스를 소비할 수 있다.

하지만 스마트폰을 갖고 있다고 해도 방송이나 뉴스를 내보낼 곳 또는 수신자가 접속할 곳이 없다면 아무 쓸모도 없을 것이다. 이러한 필요를 채워 주는 것이 트위터라는 서비스이다.

*출처 : iMBC

트위터와 스마트폰이 결합하면 무슨 일이 일어날까

친구들에게 자신이 올린 글과 정보를 보여 주기만 하던 블로깅도 이미 과거의 것이다.

지금은 현장 소식을 사진이나 동영상으로 찍어서 트위터에 보내기만 하면 수많은 트위터리언들이 리트윗을 통해 빠른 속도로 뉴스를 전달한다. 이것이 바로 소셜 네트워크 서비스의 힘이다.

또 이처럼 트위터와 스마트폰이 결합해 사회에 더 큰 변화가 일어나고 있는 지금을 리얼 타임 모바일 웹 시대라고 한다.

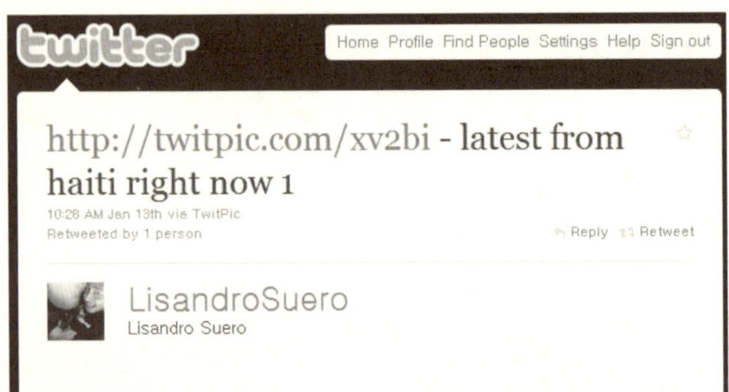

2010년 1월, 아이티 지진을 알린 @LisandroSuero 트윗 메시지와 사진
http://twitter.com/LisandroSuero/status/7691594697 or http://twitpic.com/xvetk

지난 2010년 1월 12일 아이티에 발생한 지진을 가장 빨리 세상에 알린 것도 다름 아닌 트위터 서비스였다. 지진 발생 후 유선 전화를 비롯한 모든 통신이 끊어진 상태였지

step 1. 트위터란 무엇인가

만 트위터를 통해 이 중대한 사건을 알릴 수 있었던 것이
다.

전송자의 트위터 계정은 @LisandroSuero였고, 지진 발
생 다음날인 1월 13일 오전 10시부터 엄청난 양의 사진과
트윗 메시지가 실시간으로 올라왔다.

Seven Days Master Series

7

step 2

트위터의
용어와
주요 기능

가입과 환경 설정

자, 이제 본격적으로 트위터를 시작해 보자. 많은 사용자들이 가입 후 처음 사용할 때에는 낯선 용어들 때문에 어려워한다. 이 장에서는 트위터 가입 단계를 자세하게 설명하고, 좀 더 쉽게 시작할 수 있도록 '하우캐스트' 사이트에서 제공하는 트위터 사용법(How To Use Twitter) 10단계를 요약해 두었다.

트위터 가입과 멋진 프로필 설정(배경, 설정 메뉴)

트위터의 가입은 이메일 계정만 갖고 있다면 가입할 수 있을 정도로 절차가 간단하게 구성되어 있으며, 5분 정도만 투자하면 가능하다.

우선 가입하기 전에 앞으로 사용할 트위터 아이디를 만들어 두자. 아이디는 기억하기 쉽고 짧을수록 좋다.

예를 들어 필자의 트위터 아이디는 '@hongss'이다. 성에다 이름의 이니셜 두 자를 붙여서 지었다. 우리 말로 '홍스'라고 간단히 읽히고 기억하기도 쉽다.

더 짧은 아이디의 예를 들면, 트위터 공동 창업자인 에반 윌리엄스의 트위터 아이디는 '@ev'이다.

*짧은 아이디를 써야 하는 이유 : 리트윗이나 리플을 달 때 유리하며, 사람들이 외우기 쉽다. 또 트윗 메시지를 140자 이내로 써야 하기 때문에 아이디가 짧을수록 더 많은 입력 공간을 확보할 수 있는 장점도 있다.

트위터 아이디가 생성되면 다른 SNS(social network service)에서 같은 아이디로 별도의 회원 가입 절차 없이 사용할 수 있는 기능도 제공하고 있다. 트위터라는 생태계가 점차 커지면서 매시업(Mashup, 웹페이지 또는 어플리케이션) 서비스가 늘고 있고, 국내에서도 트위터 아이디만으로 서비스를 사용할 수 있는 곳이 계속 생겨나고 있다.

사진을 업로드할 때 사용하는 '트윗픽(twitpic)' 서비스는 트위터 아이디만으로도 이용이 가능하고, 쉽게 트위터로 사진을 보낼 수 있다.

트위터 아이디는 그 밖의 다양한 서비스를 사용하는 데에도 쓰일 뿐 아니라, 외부에 공개적인 이름처럼 사용되므로 활용성을 고려해서 잘 만들어 두기 바란다.

■ 트위터 아이디로 사용할 수 있는 서비스

• 사진 및 동영상 업로드 사이트

http://twitpic.com

http://twtvid.com

• 설문 조사 사이트

http://twtpoll.com

• 실시간 트윗 방송

http://twitonair.com or http://www.ustream.tv

• DISQUS 계정 – 블로그 댓글 서비스

http://disqus.com

• 게임

http://www.playmobsterworld.com

http://playspymaster.com

http://www.tweetdefense.com 등

하우캐스트의 트위터 사용법 10단계

하우캐스트 사이트에서는 트위터 사용법을 10단계로 나누어 단계별로 진행하면서 팁을 한 가지씩 소개하고 있다. (http://www. howcast.com/videos/149055-How-To-Use-Twitter)

■ 1단계 : 트위터 계정 생성

Twitter.com을 방문하여 Sign up now을 클릭하면 신규 가입 화면이 나온다.

Enter your name, user name, password, and e-mail address 난에 개인 정보를 적어 넣으면 계정이 생성된다.

가입 후에는 트위터 설정(setting) 화면에서 아이디나 이메일 주소를 변경할 수 있다.

트위터 신규 가입 화면

■ 2단계 : '무슨 일이 있나요?'에 대한 대답 준비

"What's happening?"이라는 질문에 대한 답을 140자 이내로 어떻게 쓸지 준비해 둔다.

140자 입력 창이 나오는 트위터 기본 화면

■ 3단계 : 첫 번째 트윗 작성

140자 입력 창에 첫 번째 트윗을 작성해 넣는다.

■ 4단계 : 사용자 검색

'Find People'을 통해 트위터 아이디를 알고 있는 사용자(친구, 회사 동료 등)를 찾아 팔로잉을 진행한다.

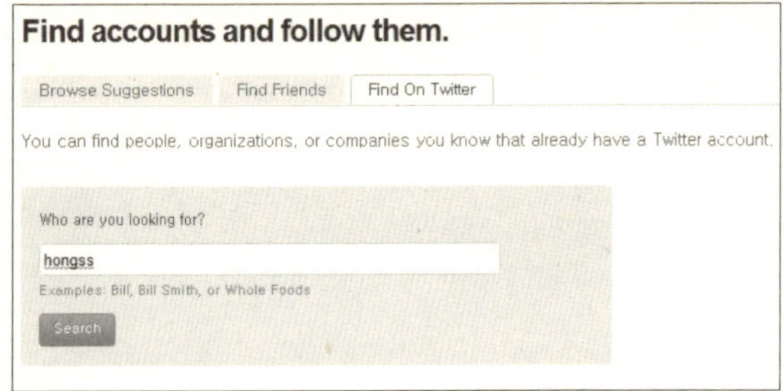

알고 있는 트위터 사용자의 아이디 입력(예 : hongss)

■ 5단계 : 팔로잉 시작

아는 사람 중에서 트위터 아이디를 모르는 경우에는 G-mail, 야후, AOL, 핫메일 등의 주소록에서 이메일 아이디를 검색하여 트위터 계정으로 갖고 올 수 있다.

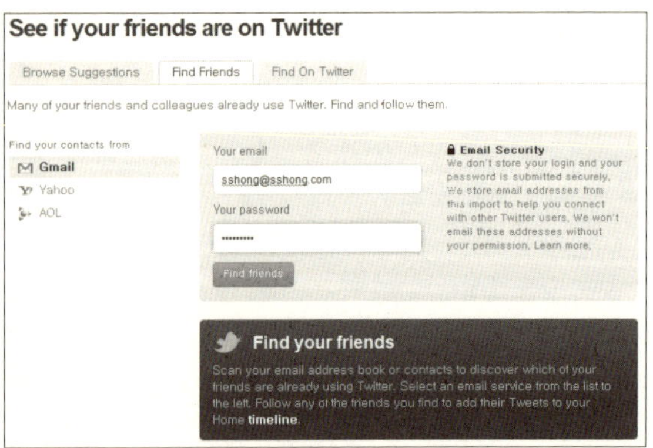

G-mail, Yahoo, AOL 주소록을 검색해서 팔로 대상을 보여 주는 화면

■ 6단계 : 트위터 설정 작업

다른 사람이 자신을 검색하기 쉽도록 지역, 이름(실제 이름 또는 닉네임), 자기 소개, 자신의 홈페이지나 블로그 주소 등을 입력한다.

설정에서 주의할 사항은 'Protect my tweets' 체크 시 누군가 나를 팔로하려면 승인을 해 주어야 가능하며 트윗 내용은 외부에 노출이 안 된다. 결국 이 기능은 '팔로어가 아닌 사람들이 내 글을 보지 못하게 할 때' 사용한다.

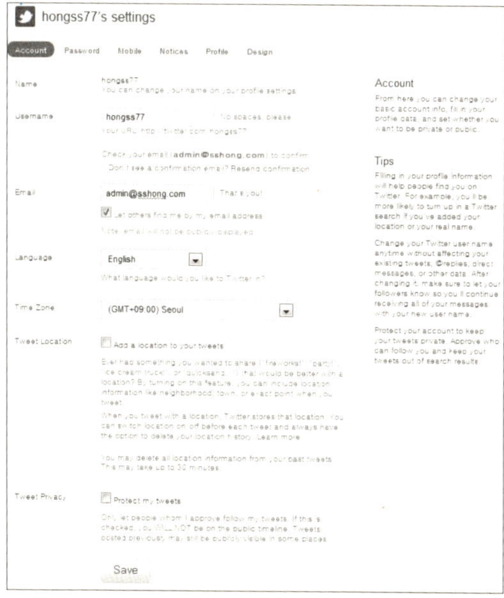

트위터 사용자 정보 설정 화면(아이디 및 이메일 주소 변경 가능)

■ 7단계 : 휴대폰 설정

국내 사용자는 적용되지 않고 있으므로 그냥 넘어간다.

■ 8단계 : 프로필 및 배경 이미지 변경

내가 누구인지 프로필을 작성하고, 배경 이미지에는 좀
더 전문적으로 표현할 수 있는 내용을 제공한다.

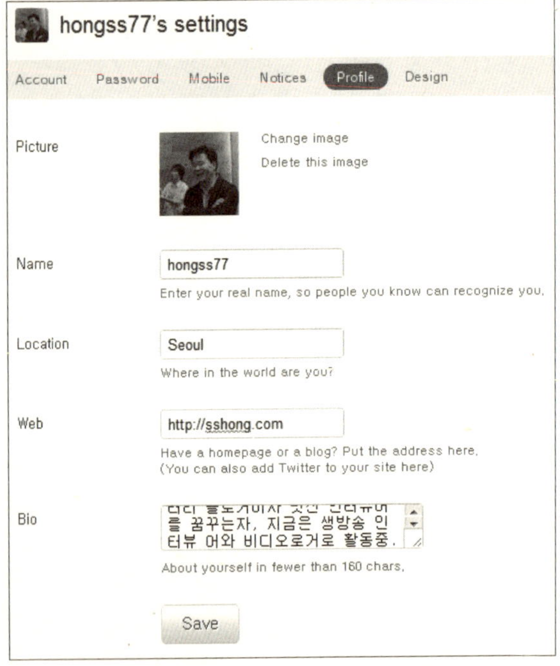

프로필 설정 화면에서 사진 및 바이오(자기 소개) 변경 기능

■ 9단계 : 다른 사용자의 이야기 듣기

타임라인(Timeline, 트위터에서 메시지들이 흘러가는 창)에 올라온 이야기도 좋고, 관심 키워드 검색을 통해 어떤 이야기를 하는지 듣고 자신의 의견도 제시할 수 있다.

■ 10단계 : 웹과 모바일 어플을 통해 본격적으로 사용

트위터 웹사이트를 통한 접근도 좋지만 트위터 클라이언트를 통하면 더 효율적으로 사용할 수 있다. 이동할 때에는 역시 스마트폰을 사용하는 것이 좋다.

트위터 웹사이트에서 가입부터 개인 프로필 설정까지

1) 트위터 가입하기

트위터 웹사이트(http://twitter.com)에 접속하여 아래 4가지 사항 정도만 기입하면 쉽게 가입할 수 있다. 아이디를 어떤 것으로 사용할 것인지 미리 생각해 둔다.

- Full name : 외부에 공개되는 이름으로, 영문 풀네임을 사용하면 된다.
- Username : 트위터 아이디. 기억하기 쉽도록 짧게

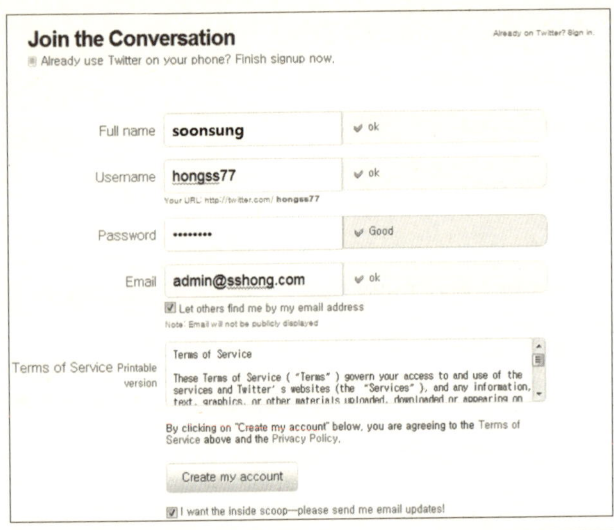

트위터 웹사이트 가입 화면

step 2. 트위터의 용어와 주요 기능

구성하는 것이 좋다.

- Password : 보안에도 신경을 써야 하므로 영문과 숫자를 조합해서 만든다.
- E-mail : 자주 사용하는 이메일 계정을 적는다.

위 사항만 제대로 입력하면 가입이 완료되고 곧바로 트위터 계정이 생성된다.

2) 팔로어 확보 과정 3단계

트위터 가입과 연계해서 진행되는 팔로어를 확보하기 위한 과정으로, 'Suggestions〉Friends〉Anyone' 3단계가 진행된다.

적용 시 알고 있던 트위터 사용자들에게 자신의 트위터 계정을 알릴 수도 있으며 다수의 팔로어를 확보할 수도 있고, 나중에 따로 적용해도 상관없다.

- Suggestions : 로컬 선택하기

  - 지역 계정 중에서 선택하여 팔로 가능

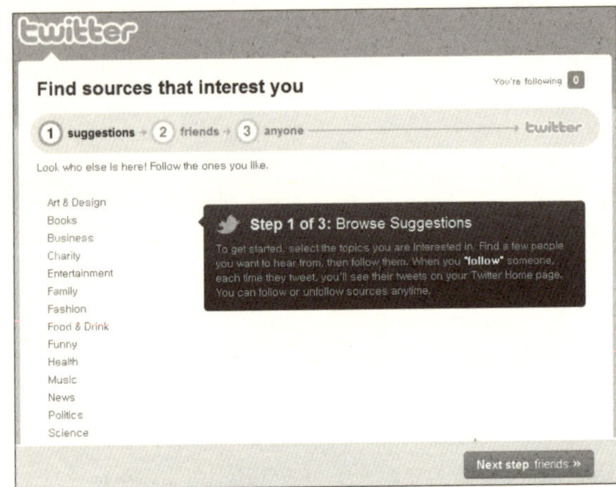

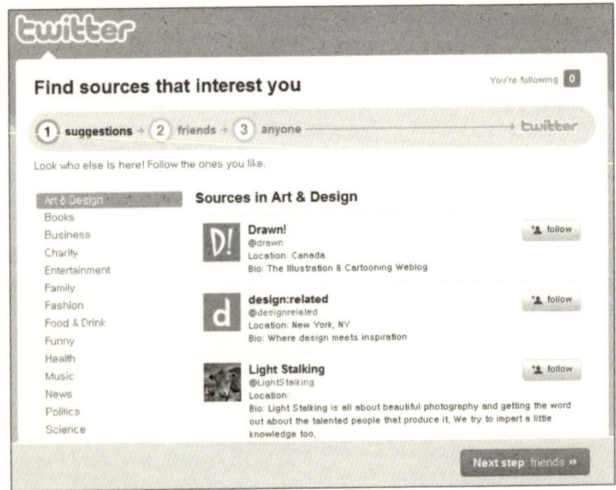

step 2. 트위터의 용어와 주요 기능

• Friends : 친구 찾기

– Gmail, Yahoo, AOL 주소록으로 선택 가능

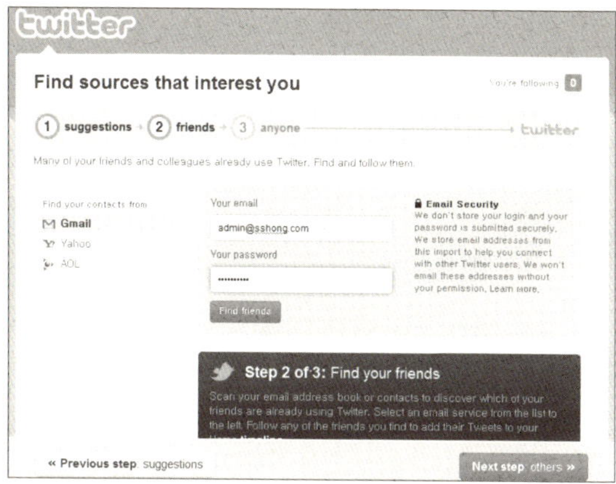

• Anyone : 알고 있는 트위터 계정으로 찾기

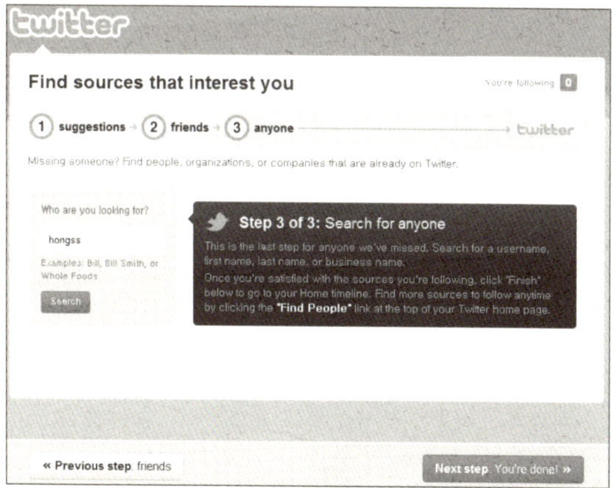

3) 설정 메뉴 변경

'settings/account' 에서 시간과 트윗 내용 공개 여부를 변경할 수 있다(49쪽 화면 참조).

- Time Zone : 트윗의 시간을 의미. 초기 설정은 하와이로 되어 있으므로 '서울(GMT + 09:00)'로 변경한다.
- Tweet Privacy - Protect my tweets : 체크할 경우 외부에 트윗 내용이 공개되지 않으며, 누군가 나를 팔로하려고 해도 승인해 주지 않으면 불가능하다. 트위터의 진정한 목적에서 벗어난 상태라고 볼 수 있다.

첫 번째 팔로어가 누구인지 알아보려면?

http://firstfollower.com/eng 사이트를 활용한다.

트위터 가입 후 팔로할 때 주의 사항

1. 처음부터 너무 많은 사용자를 팔로하면 오히려 트위터를 이용하는 데 부담이 커질 수 있다.
2. 팔로가 너무 적어도 흥미를 잃을 수 있다.
3. 가입 초기의 적정 팔로 사용자 수는 50명 정도이다.
4. 트위터 가입 후 프로필 설정과 트윗 없이 많은 사용자를 팔로하면 오히려 신뢰를 잃을 수 있다.

4) 프로필 사진 변경

‘settings/profile’에서 사진 및 웹사이트(홈페이지나 블로그) 주소, 바이오(Bio, 자기 소개)를 변경할 수 있다.

프로필은 160자 이내로 작성할 수 있으며, 자신이 하는 일과 꼭 하고 싶은 말 한두 가지를 넣어 한 문장으로 작성한다. ‘전문가 추천, [직업 설명 1], [직업 설명 2], 그리고 [무엇인가를 원하는] 사람인 [직업 설명 3]’의 요령으로 작성해 보자.

예를 들어, 필자는 프로필은 이렇게 작성했다.

“남편이자 혜민 아빠, 블로그와 소셜 미디어 디자이너. 휴먼 다큐멘터리 블로거이자 멋진 인터뷰어를 꿈꾸는 자. 지금은 생방송 인터뷰어와 비디오로거로 활동 중.”

트위터 프로필 화면

트위터,
용어만 알아도 쉽다

트위터 기본 용어 이해하기

트위터 가입을 마쳤으면 이제부터 트위터에서 사용하는 용어(기능)를 익혀 보자. 많은 사용자들이 트위터를 처음 사용할 때 생소한 용어 때문에 당황한다.

하지만 몇 가지 기본 용어만 충실하게 알아 두어도 한층 쉽게 사용할 수 있을 것이다. 우선 트윗(Tweet), 팔로(Follow), 팔로어(Follower), 답글(Replies), 리트윗(Retweet, RT), DM 등의 용어를 살펴보자.

다음 화면을 좀 더 크게 확장해서 상세하게 살펴보면 용어를 좀 더 효과적으로 이해할 수 있을 것이다. 관련 세부 명칭은 그림에 표시해 두었으며 용어의 개념은 뒷부분에 설명되어 있다.

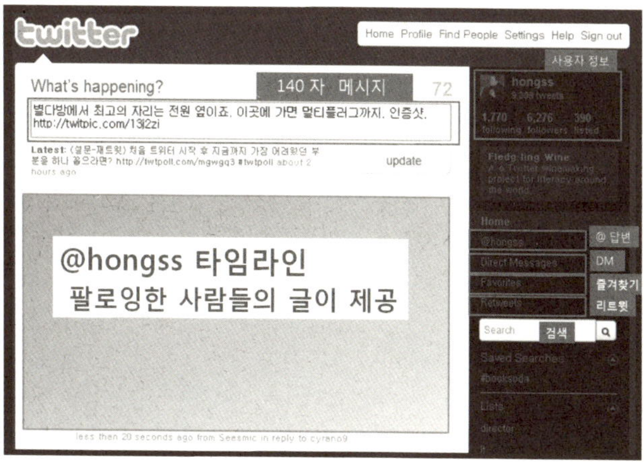

트위터 외부 명칭

■ 타임라인(Timeline)

글이 표시되는 영역을 말한다. 기본적으로 자신이 팔로
잉한 사람들의 글이 모두 보이며, 웹브라우저로 접근 시
수동으로 '새로 고침'을 해 주어야 한다.

우측에 있는 '@사용자 ID'나 'Direct Messages'를 누르
면 자신에게 직접 온 트윗을 읽을 수 있도록 타임라인이
변경된다.

■ 트윗(Tweet)

사전적 의미로는 '지저귀다' 정도의 뜻을 갖는데, 트위터에서는 한 번에 입력한 문장이나 문단을 말한다.

■ 팔로잉(Following)

'따라간다, 이야기를 듣는다'는 의미. 트위터의 장점이라 할 수 있는 것이 바로 '팔로잉' 기능이다.

설정에서 'Protect my tweets'를 체크해 두지 않는 이상 팔로잉은 타 서비스의 1촌 신청과는 달리 상대방의 수락 여부와 상관없이 다른 사람의 글을 엿들을 수 있다.

1촌 신청과 같이 상대방이 수락해야만 팔로잉이 가능하다면 김연아, 박중훈, 이외수, 그 밖의 미국 오바마 대통령 같은 유명인의 글을 엿듣기는 힘들 것이다.

검색을 통해 팔로잉하고 싶은 대상의 트위터 계정을 찾아서 그림과 같이 팔로잉 버튼을 클릭하면 된다. 이후부터는 상대방의 트윗이 타임라인에 자동으로 올라온다.

팔로잉은 제한이 없을 정도로 많은 대상을 지정할 수 있으나 한 번에 너무 많이 팔로잉하는 것을 차단하기 위해서 초기에는 2,000명으로 제한해 놓았다. 팔로어 수는 제한 범위의 90% 이상이 되면 추가로 늘릴 수 있다.

트위터 팔로잉 설정 방법

팔로잉은 친구 맺는 개념이 아니고 단지 이야기만 듣는 방식(구독하는 방식)이며, 팔로잉하는 순간부터 그 사람의 트윗을 구독해서 자신의 타임라인에서 읽을 수 있다.

트위터를 사용하는 목적 가운데 하나가 팔로잉이기도 하다. 유용한 정보를 제공하는 사용자, 관심 있는 유명 인사, 친해지고 싶은 사람의 트윗을 보려면 팔로잉을 하면 된다.

■ 언팔로(Unfollow)

팔로를 끊거나 이야기를 듣고 있던 사용자에게 팔로잉을 해제하는 것을 말한다. 많은 사람을 팔로잉하다 보면 타임라인이 버거워서 때로는 끊고 싶을 때가 있는데, 그럴 때 언팔로를 한다.

언팔로한다고 상대방에게 무례가 되는 것은 아니며, 알림 메시지도 가지 않지만 사용자가 별도의 매시업 서비스

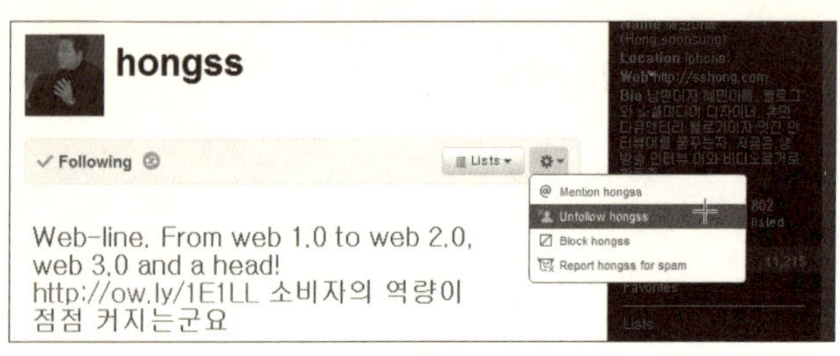

언팔로 설정 방법

를 설정해 두었다면 전달될 수도 있다.

서로 팔로잉하는 사용자들끼리 주고받던 DM이 언팔로한 후에는 보낼 수 없게 되는데, 대부분의 경우 이때가 되어서야 상대방이 언팔로한 사실을 알게 된다. 친구나 잘 아는 사이에서는 신뢰를 저버리는 일이 될 수도 있으니 적당한 선에서 사용하기 바란다.

■ 팔로어(Follower)

사전적 의미는 추종자, 신봉자, 팬, (유행 등을) 열심히 따르는 사람이라는 뜻이 있다.

김연아(@yunaaaa)의 팔로어 수는 10만 명이 넘는다. 이 말은 김연아가 트위터에 메시지를 올리면 10만 명의 사람이 읽는다는 것이다. 물론 팔로잉만 하고 읽지 않는 사용한국에서 가장 많은 팔로어 수 보유자는?

－김연아(@yunaaaa)

세계에서 가장 많은 팔로어 수 보유자는?

－애스턴 커처(@aplusk)

＊참고 자료

－한국 트위터 사용자 디렉터리

　http://koreantwitters.com

－해외 자료

　http://twittercounter.com/pages/100

－한국 트위터 사용자 프로필

　http://selfintro.xguru.net

자도 있겠지만 그래도 실시간 파워는 그만큼 크다고 인정
된다. 트위터 생태계에서는 팔로어가 많을수록 영향력이
크다는 의미로 받아들여지고 있다.

■ 답글(Replies, @userid)

사용자간의 트윗을 주고받는 일반적인 의사 소통 방식.
트윗으로 올라온 내용 중에 @userid(사용자 아이디)를 가

진 것이 있다면 모든 내용이 @userid(우측 메뉴)로 들어가게 된다. 사용자에게 보내는 답글도 한 개의 트윗으로 취급된다.

참고로, 조금 큰 의미로 '멘션(@mention)'이라고도 부른다. 멘션은 상대방이 확인할 수 있다는 점은 같으나 답글처럼 맨 앞에 @userid가 오는 게 아니라 글 사이에 놓인다는 점이 다르다.

예 1) @userid 항상 좋은 정보를 주셔서 감사합니다.

예 2) 트위터에 좋은 정보를 주는 분은 @userid입니다.

■ 다이렉트 메시지(Direct Message, 줄여서 DM)

사용자끼리 주고받는 메시지를 말하며, 공개적으로 보내는 트윗과 다르게 둘만 읽을 수 있는 비밀 메시지이다.

단, 상호 팔로잉하지 않으면 보낼 수 없는 단점이 있다. 다이렉트 메시지(DM)는 첨부 파일 없는 이메일로도 활용하고, 숨은 통로 역할로도 활용도가 크다.

■ 리트윗(Retweet, 줄여서 RT)

자신이 팔로하는 사용자가 올린 트윗을 다른 팔로어들에게 알려 주고 싶을 때 사용한다.

웹브라우저 상에서 보낼 수 있는 명령어

1. D 사용자 아이디+메시지 : 다이렉트 메시지(DM, Direct Message)를 보낼 때 사용
2. WHOIS 사용자 아이디 : 사용자의 프로필, 즉 사이드 바 맨 위에 적힌 정보를 그 사람 트위터 페이지에 방문하지 않고도 확인
3. GET 사용자 아이디 : 사용자의 가장 최근 트윗을 웹브라우저 상단에 보여 줌
4. STATS : 자신의 팔로잉, 팔로어 숫자를 확인

* 출처 http://help.twitter.com/forums/59008/entries/14020

타임라인에 올라온 트윗 중에 팔로어들에게 전달하고 싶은 내용이 있다면 리트윗(RT)을 통해 또다시 같은 내용을 전달할 수 있다. 추가 인용의 말을 넣을 수 있고 보낼 수도 있다.

리트윗은 좋은 내용, 유용한 정보, 꼭 알려야 할 정보라면 진행하게 되며 많은 사용자가 실시간 리트윗을 할 경우 트위터의 강력한 전파력을 느낄 수 있다.

트윗을 통해 전달한 내용이 리트윗을 통해 전파될 경우

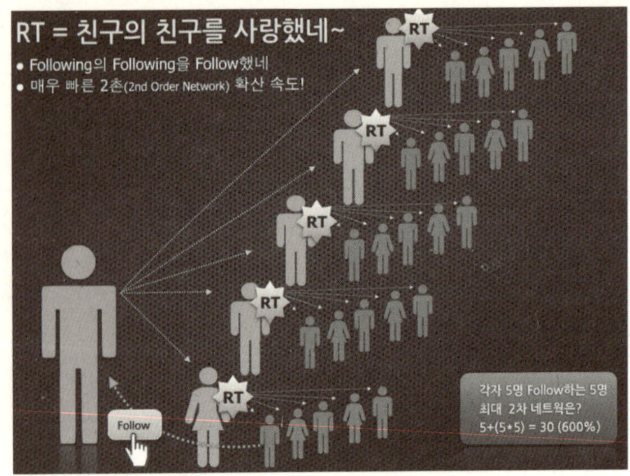

트위터 리트윗 파워 화면 –출처 : @phploveme

팔로어와 세컨드 팔로어로 계속 전파되는 장점 때문에 커다란 효과를 일으키며, 리트윗 횟수가 많으면 미디어적인 영향력까지 가질 수 있다.

추가로 설명하면, 나를 팔로하는 사람이 내 메시지를 나를 팔로하지 않는 사람에게도 전달할 수 있기 때문에 많은 트위터리언에게 전파되는 장점을 갖고 있다.

때로는 팔로어를 늘리는 효과까지도 제공해 준다. 물론 반대로 팔로어가 줄어드는 경우도 발생한다.

예) 필자가 쓴 내용을 다른 사용자가 의견을 제시하고
수동으로 리트윗한 내용

저도 제가올린 트윗의80%는 답이 없더
군요RT @hongss: RE: 많은 분들이 온라
인 속에서 홀로 있다는 느낌을 종종 받
는다고 하더군요. 본인이 올린 트윗이 아
무도 응답을 안할 때가 많다고 하더군
요. 장단점을... http://dw.am/L21C5

수동 리트윗과 자동 리트윗의 차이점은 5장에 상세히
설명되어 있다(142 쪽 참조).

트위터 고급 기능 이해하기

트위터 활용 수준 한 단계 높이기

트위터를 사용하다 보면 조금씩 전문 용어들이 나오는데, 앞에서 기본 용어를 설명했으니 이번에는 해시태그, 리스트, 즐겨찾기, 스팸, 블록 등 트위터 활용 수준을 한 단계 높일 수 있는 용어(기능)에 대해 알아보도록 하자.

■ 해시태그(#, Hash Tags)

해시태그는 트위터에서 특정 주제에 대한 글을 하나의 창에서 볼 수 있도록 검색해 주는 기능이다.

특정 주제에 관한 글임을 표시하고자 할 때 해시태그를 작성해서 붙이면 그 단어에 링크가 형성되고 클릭하면 바로 검색 페이지로 이동해 결과를 제공한다.

해시태그는 주로 행사(모임, 이벤트), 사건, 특정한 주제를 모으기 위한 약속 형태로 사용하며, 계속 사용하지 않으면 사라지게 된다.

필자가 만든 해시태그는 '#booksoda'인데 책과 관련해서 정보를 제공할 때 사용하라고 트위터리언들과 약속하고 진행했으며, 지금도 검색을 통해 확인할 수 있다.

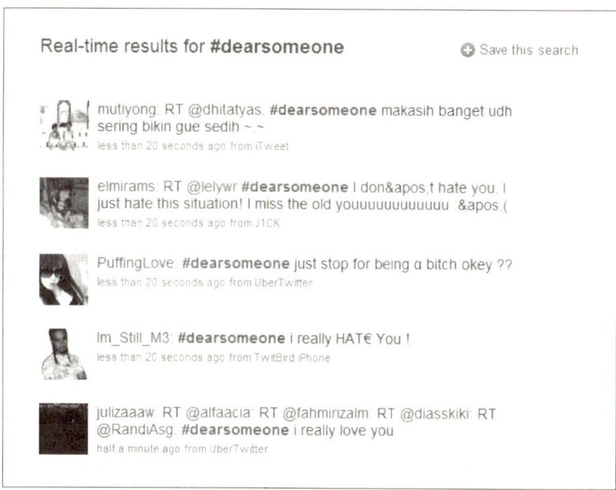

#dearsomeone을 해시태그로 사용한 검색 결과

■ 단축 URL

긴 웹 주소를 짧게 줄여 주는 서비스. 트위터에는 140자의 문자 제한이 있어서 긴 URL을 적다 보면 내용 적을 공간이 모자라게 되므로 단축 URL을 쓴다.

국내 웹 클라이언트 서비스 중에 단축 URL을 제공하는 곳은 twtkr(http://twtkr.com)이 있으며, 그 밖에 단축 URL만 제공하는 곳은 http://bit.ly 또는 http://tinyurl.com이 있다.

■ 리스트(List)

자신만의 트위터 사용자 목록을 만들어 주는 기능이다.

꼭 필요한 사용자만 그룹별로 골라서 볼 수 있고 챙겨서 봐야만 하는 경우에 유용한 기능으로, 팔로잉을 하지 않아도 리스트만 만들어서 볼 수 있다. 또한 타임라인을 따라서 읽을 필요 없이 관리할 수 있는 장점도 갖고 있다.

리스트는 공개 또는 비공개로 만들 수 있으며, 팔로하지 않아도 리스트를 만들 수 있고 트윗 내용도 볼 수 있다. 또한 다른 사용자의 리스트를 구독할 수도 있다.

■ 블록(Block)

블록을 진행하면 사용자간의 팔로잉을 진행할 수 없고 트윗 내용도 볼 수 없다. 블록을 하는 경우는 다소 드물지만 해외 사이트 중에 스팸보트(스팸을 전송하는 프로그램 또

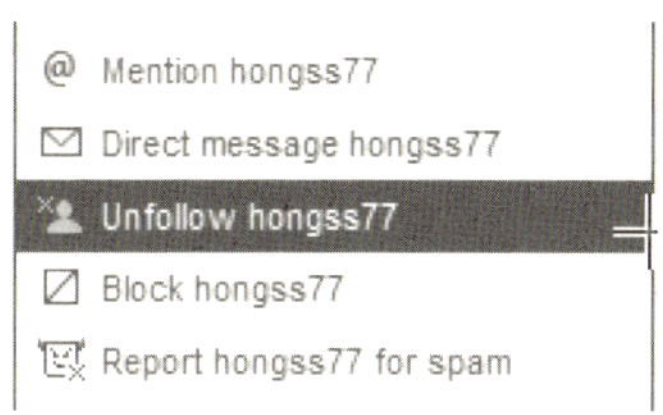

언팔로(위)와 블록(아래) 선택 방법

는 장치) 형태로 접근하는 경우에 사용할 수 있다.

일반적으로 블록은 언팔로보다 더 강력한 거부 표시라고 볼 수 있다.

언팔로를 통해 사용자의 트윗을 볼 수 없다고 하지만 다른 사용자가 나를 팔로하고 있다면 계속해서 트윗을 볼 수 있다. 그것마저 허락하고 싶지 않다면 블록을 할 수 있다.

또한 블록은 상대방이 나를 팔로할 수 없도록 처리하는 기능도 한다. 그러므로 블록은 꼭 필요할 때에만 주의해서 사용하기 바란다.

언팔로와 블록의 차이점

구분	나의 타임라인	상대방의 타임라인
언팔로	안 나타남	안 나타남
블록	나타남	안 나타남

■ 스팸 신고(report for spam)

상대방의 계정을 스팸으로 신고할 때 진행되며, 이후 처리는 심사를 통해 결정된다고 한다.

■ 즐겨찾기(Favorites)

타임라인은 수시로 갱신되기 때문에 기억해야 할 트윗이나 좋은 내용이 있다면 떠내려가지 않게 잡아 두어야 한다. 떠내려가지 않도록 트윗을 붙잡아 두는 기능이 바로 즐겨찾기이다.

필자의 즐겨찾기는 700개나 되며 이동 중에 링크(Link)가 첨부된 정보라든가 기억하고 싶은 내용인데 메모를 하지 못할 때 등록해 두고 사용하는데, 사용자에 따라 나중에 꼭 답변을 해야겠다고 생각할 때 즐겨찾기를 해 두기도 한다.

■ 리미트(Limit)

팔로잉과 트윗을 한 번에 너무 많이 하는 것을 막기 위한 일종의 스팸 방지 정책이다.

초기에는 팔로잉 가능 범위를 2,000명으로 제한해 놓았고, 팔로어 수는 제한 범위의 90% 이상이 되면 추가로 늘릴 수 있다.

외부 개발한 어플에서는 트윗과 멘션을 통해 주고받은 것을 150개로 제한하고 있으며 20~30분 정도로 사용이 제한된다.

하루 250개의 DM을 날렸을 때에는 DM 사용이 불가능하며, 하루 트윗 수도 1,000개로 제한한다. 트윗 수에는 리트윗 수도 포함된다.

Seven Days Master Series

step 3

누가, 왜 트위터를 사용하나

누구를 팔로해야 할까

스마트폰을 통한 일상적 커뮤니케이션

2010년 4월 말 현재, 국내 트위터 사용자 수가 40만 명을 넘었다는 통계가 나왔다.

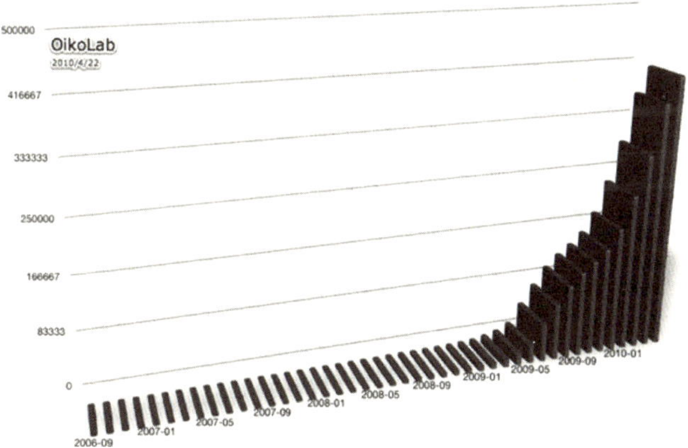

트위터 가입자수 추이 – OikoLab

　'아이폰 효과'라는 말이 나올 정도로 2009년 11월 아이폰 출시 이후 사용자 수가 급격히 늘어난 것이 사실이다.

　특히 트위터는 블로그와 달리 140자 이내로 간단히 작성하며, 이동 중에 스마트폰을 통해 쉽게 이용할 수 있고, 다양한 사람들과 실시간 대화를 나눌 수 있다는 장점 때문에 다양한 연령대로 사용자가 확산되고 있다.

　스마트폰 판매량이 늘어 감에 따라 가입자 수도 꾸준하게 성장하고 있다고 볼 수 있다. 스마트폰은 단순 전화 기능이 아닌 손 안의 PC 역할을 하며 트위터뿐만 아니라 연관된 매시업 서비스까지 제공 받을 수 있어서 앞으로 성장세가 더욱 커질 것으로 예상된다.

　요즘 필자는 아침에 눈을 뜨자마자 시작해서 거의 하루 종일 트위터를 들여다본다. 그러다 보니 트위터가 거의 메시지 서비스처럼 일상화된 것 같다.

　이민화 기업호민관님 말에 따르면 지금 인류는 제3의 진화를 시작했다고 한다. 제3의 진화란 사이보그로서의 진화를 말하는데, 스마트폰을 가진 사람들이 그것을 마치 몸의 일부처럼 24시간 지니고 살아가는 모습을 비유한 것이다. 휴대폰은 이미 단순한 기계가 아니고 마치 생명을 갖기 시작한 것처럼 보인다.

이와 같은 스마트폰을 통한 일상적 커뮤니케이션 방식을 실현하는 것이 트위터라고 볼 수 있다. 트위터는 일정 부분 생활 패턴화되어 사람들이 평소의 고민을 털어놓거나 불편함을 소재로 대화하는 소통의 역할도 하고 있다.

그뿐 아니라 스마트폰에서 제공되는 위치 기반 서비스(포스퀘어 등)를 통해 누가 언제, 어디서, 왜, 무엇을 하는지 등의 소식을 꾸준히 전달 받으며 생활을 공유하기도 한다.

어느 팔로어 그룹에 들어갈까

최근 트위터를 효율적으로 이용하려는 목적으로 스마트폰을 구매하는 사람이 늘어나고 있다.

이러한 새로운 생태계가 형성되면서 사용자간의 폭넓은 교류가 이어지고 트위터는 사회 전반적인 소통 부족을 해소하는 데 밑거름이 되기도 한다.

트위터를 통해 의견을 공유한 사람들끼리 소외 계층을 위한 바자회 행사를 진행하는 일이 그 한 가지 예라고 할 수 있다.

트위터에 올라온 내용을 살펴보면 전체적으로 리플(Reply)이 54%가 될 정도로 서로 소통(다른 말로 수다)하는

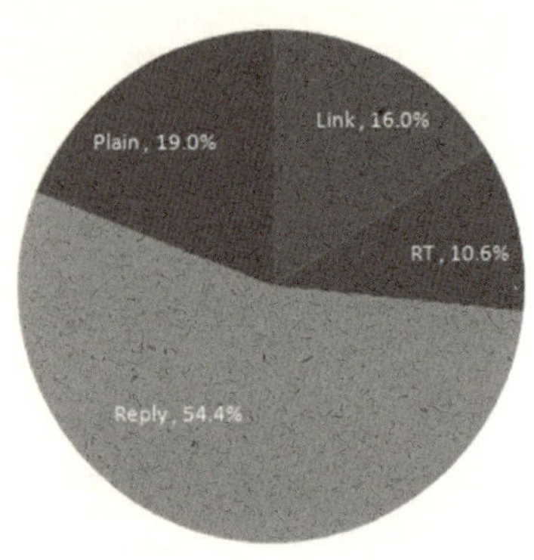

트윗 메시지 속성 비율-BuzzInsight.net

속성의 메시지 비율이 아주 높다.

그 다음으로 정보성 글 또는 단순 트윗 형태(plain), 링크(Link), 리트윗(RT) 순으로 나타났다. 어찌 보면 트위터는 정보 유통 채널이자, 콘텐츠의 생산과 소비를 같이 하면서 소통하는 방식을 갖고 있기 때문에 수다를 떨 수밖에 없는 곳이다. 이런 수다에서 더 의미 있는 정보가 재생산되고 있는 것이다.

트윗 메시지 속성 비율에서 보듯이, 수많은 사용자의 소통 내용은 다양한 형태의 수다로 이루어진다. 그런데 한 가지 생각해야 두어야 할 점은 누구를 팔로잉하느냐에 따라 대화 방식뿐만 아니라 얻은 정보에서도 차이가 나타난다는 것이다.

트위터에 가입하고 나서 처음에는 자기 말을 하기보다 주로 타임라인에서 다른 사람의 트윗을 보는 데 집중하게 된다. 따라서 누구를 팔로잉했느냐가 앞으로의 트위터 운영에 큰 영향을 미치게 된다.

아주 흥미로운 사용자를 팔로잉했다면 대화가 즐거운 시간으로 이어질 것이고 많은 리플이 달리게 될 것이다. 주로 정보성 트윗이 올라오면 의미있는 소통과 정보를 소비할 수 있는 리트윗(RT)을 많이 사용하게 될 것이다.

그런데 만약 비방과 욕설이 가득 찬 트윗만 올라오면 지루하게 시간을 소모할 뿐 아니라 트위터의 즐거운 소통 방식을 이해할 수 없게 될 것이다. 이런 경우 꼭 필요하지 않다면 언팔로를 통해 트윗을 차단하는 것도 한 방법이다.

이처럼 트위터 운영은 사회에서 사람들과 관계를 형성해 나가는 것과 유사하다. 좋은 조직(팔로 그룹)에 들어가면 유용한 대화와 정보를 주고받을 수 있지만 그렇지 않은 조직에 들어갈 경우에는 오히려 피해를 입을 수도 있다.

트위터도 또 하나의 세계이다 보니 조직 안에서 옳다고 판단되는 사용자를 따라갈 수밖에 없다. 이런 판단이 초기에는 아주 작은 영향을 미치겠지만 점차 자신의 생각에도 그런 변화가 자리 잡게 된다.

또한 기존에 알고 있던 오프라인 조직하고만 소통한다면 온라인을 통한 새로운 사람들과의 관계 형성이 늘지 않는다. 그러므로 트위터에서 팔로잉을 통해 다양한 사람들과 활발한 정보 교류를 이어 나가기 바란다.

필자가 트위터를 사용하는 주요 목적은 정보의 생산과 소비이다. 단순하게 알고 있던 정보가 소통을 통해 한층 더 이해도가 높아지고 있으며, 좋은 정보와 필요한 정보를 찾는 RSS 구독자 수도 늘어나고 있고, 좀 더 전문적인 지식을 얻게 되었다.

이런 정보의 소비 형태는 앞으로도 더 다양해져 일상 생활 전반의 이야기로 확대될 것으로 보이며, 트위터 생태계에서 필요한 모든 정보가 소비될 수 있을 거라 본다.

적정 팔로어 수는 어느 정도일까

트위터 가입 후에는 일정한 적응 기간이 필요하다. 사용되는 전문 용어 탓도 있겠지만 제대로 의미 파악을 못해 흥미를 잃고 더 이상 쳐다보지 않는 경우도 많기 때문이다.

트위터에 흥미를 가지려면 적당한 팔로가 필요한데 대략 50명 정도를 팔로잉해서 상대방의 이야기를 따라가면서 읽다 보면 나름대로 운영을 할 수 있게 된다.

처음 50명은 유명인, 관심 있는 정보, 잘 아는 지인 정도로 팔로를 진행하며, 적어도 10~20명 정도가 나를 팔로잉하게끔 하는 고려도 잊지 말자. 팔로어가 너무 적으면 트윗으로 보내도 아무도 의견이나 관심조차도 없을 수 있기 때문에 일정한 팔로어 확보가 필요하다.

처음 시작 후 한 주 정도는 관망하며 조금씩 참여하는 것이 좋다. 고수들의 트위터 운영을 살펴보고 익히면서 자신만의 운영 방안도 고려하고, 온라인 세계에 진입을 시도한다. 분명 새로운 소통 방식이니 다수의 사용자와 교류하는 소통 원칙도 있지만 본인이 갖고 있는 정보와 내용을 갖고도 충분히 소통을 할 수 있다.

처음부터 너무 깊이 빠지다 보면 오히려 화를 입는 경우도 있으니 처음에는 완급 조절도 필요하다. 트위터는 사이버 세계의 나를 만드는 거라고 보고, 나라는 개인의 브랜드 전략도 세워 보면서 다양한 사람들과 관계도 넓혀 가고 즐거운 소통으로 이어진다면 금상첨화일 것이다.

트위터는 사용자가 자신의 정보부터 남이 공유할 수 있도록 제공해야 소통도 쉽고 관계 형성도 용이하다. 또 자신의 프로필, 위치 정보, 잘 아는 정보 등을 공개해 놓으면 팔로어도 조금씩 늘기 마련이다.

물론 질문을 통해 소통을 하는 것도 좋다. 하지만 처음부터 질문만 하면 다른 사용자의 정보를 가져가기만 하겠다는 의도로 비쳐지므로 바람직하지 않다. 이런 방식은 좀 더 많은 팔로어를 확보한 다음 고려해 보기 바란다.

가입 후 7일 동안 적응하기

트위터에 가입한 후에는 7일 동안 다음과 같은 순서로 조금씩 적응해 보자.

■ 1일째

트위터 가입을 완료한다. 트위터를 원활하게 사용하려면 우선 용어에 대한 이해가 필요하다. 운영 방법도 익힐 겸 직접 트윗으로 자기 소개도 하고, 트위터 생태계에서 어떤 내용을 주고받는지 50명 정도 팔로해서 살펴본다.

■ 2일째

재미있는 내용을 찾아 트윗을 하나 올린다. 그것이 어렵다면 타임라인을 보다가 리플로 끼어들어 소통을 해 본다.

■ 3일째

반복되는 트윗과 타임라인을 살펴보면서 자신만의 소통
방식을 찾는다. 관심 있는 사용자를 찾아 팔로한다.

■ 4일째

트윗 올리는 요령을 조금씩 익혀 나간다. 시간은 조금씩
늘려 나가되 너무 오랜 시간을 보내지 않도록 한다.

■ 5일째

관심 있는 사용자를 찾아 꾸준히 팔로하는 것이 필요하
고, 때에 따라서는 리스트 기능을 확장한다.

■ 6일째

자신이 제공할 정보나 내용을 정하고 정기적으로 트윗
을 작성해 제공하기 시작한다.

■ 7일째

트위터 운영 규칙을 세우고 나만의 방식을 만들어 간다.

트위터러들과
수다 떨기

정확한 피드백이 신뢰를 얻는다

트위터 가입 후 처음부터 다양한 소통을 할 수 있다는 생각은 버리는 것이 좋다. 트위터의 세계는 신뢰와 관계를 쌓기 전에 제대로 된 역할을 하는 것은 무리다.

예를 들어, 트위터에 입성한 지 2, 3일 정도 된 사용자가 이벤트를 실시한 적이 있다. '저녁 7시까지 어떤 장소로 오시면 무료 식사권을 제공한다'는 행사였지만 당일 저녁 참석한 사람은 아무도 없었다.

그렇다면 사람들이 이런 행사가 있는 것을 몰라서였다고 판단하면 안 된다. 중간에 누군가 RT(리트윗)를 통해서 소개도 했고, 필자도 그 행사를 소개했지만 아무도 행사에 참여하지는 않았다.

소개하고 나서 많은 사람들이 관심을 가졌고 정말 식사
권을 주는지 질문도 오갔다. 하지만 정확한 피드백이 없
었고 신뢰감을 주지 못했기에 이벤트 행사가 해프닝으로
인식되었고 그렇게 마무리되었다.

이처럼 트위터를 통해 특정 이벤트를 하려면 신뢰감을
쌓는 것이 우선이다. 정말 선물을 제공해 줄 것으로 인식
하면 많은 사용자가 즐겁게 참여할 것이다.

적절한 준비가 팔로어를 부른다

한번은 필자가 이벤트로 책 30권을 제공한 적이 있다.
RT만 해도 선착순으로 제공하겠다고 하자 1시간 이내에
RT 수가 100개를 넘었고 하루 종일 타임라인이 북적일 정
도였다. 물론 홍보를 할 수 있는 좋은 기회도 되었다.

팔로어 수가 중요한 것은 아니지만 너무 적으면 흥미도
잃어버릴뿐더러 다양한 소통을 갖기가 힘들고 혼잣말을
하는 것 같은 느낌을 갖게 된다. 이런 문제를 해결하려면
역시 일정 수의 팔로어가 필요하다.

신뢰와 꾸준한 소통으로 맺어진 100~200명 정도의 팔
로어가 있으면 트위터를 운영하기에도 충분할 것이다. 이

를 통해 정보가 확산되다 보면 조금씩 인정을 받게 되고 팔로어 수도 자연스럽게 늘어난다.

또 그만큼 신뢰가 중요하기 때문에 팔로어 수는 적절한 준비가 없으면 쉽게 늘지 않는다. 트위터를 통해서 유용한 정보를 준비하여 제공한다면 그만큼 관심을 갖는 사람도 늘어날 것이며 사용자들에게 계속해서 꼭 팔로해야 할 사람으로 소개되어질 거라 본다.

그러기에 며칠 만에 팔로어 빠르게 늘리려는 것은 무리이고 오히려 좋지 않은 결과를 초래할 수 있다.

오프라인과 온라인의 소통 방식 차이

기존 오프라인 세계에서 유명했던 사람들의 특징은 온라인 세계에 들어와서도 오프라인에서의 위치를 그대로 가지려고 한다.

물론 유명세 덕분에 저절로 하루 만에 1,000명 이상의 팔로어를 확보하는 사람도 있지만, 많은 경우 그렇지 않아서 가입과 함께 1,000명 이상 팔로잉을 하기도 한다.

이유는 시간 있을 때 해 둔다거나 빠른 소통을 갖기 위해, 다수의 팔로어를 확보하기 위해 등등이다.

물론 당장 효과를 볼 수도 있겠지만 트위터 생태계에서는 사용자들이 금세 알게 될 내용이며, 다수의 팔로어를 확보해서 잘 운영하는 것처럼 보인다 해도 준비되지 않은 소통 방식 때문에 오히려 오프라인에서 얻은 신뢰마저 잃어버릴 수 있다.

이런 부류는 트위터 세계에서도 자신의 말만 하거나, 오프라인에서 만나던 사람들하고만 이야기하거나, 자신의 블로그를 링크만 걸어 두고 찾아오라고 권유하는 형태로 활용한다.

이런 사용자들의 공통점은 트위터 사용 방식이 오프라인 세계에서 사람들이 교류하는 방식과 크게 차이가 없다고 생각하고 있는 것이다.

결국 트위터 세계에서 통하지 않을 경우 자기를 제대로 알아주지 않는다고 호소하거나 트위터가 자신에게는 맞지 않다고 말하고 다닌다.

트위터는 서로 소통하는 관계를 통해 확장해 나가야만 하며 이런 관계는 끊임없는 트윗을 통해서 이루어진다.

팔로 시 주의 사항

처음부터 많은 사용자를 팔로하는 것은 그만큼 시간 투자도 많이 필요하므로 적절한 운영 방법이 아니다. 순차적으로 팔로를 늘려 나가면 사용자 분석도 같이 할 수 있다.

많은 사용자를 팔로하면서 나타나는 부작용은 역시 불규칙적인 소통 때문에 자신의 존재감을 알리기 힘들다는 점, 그로 인해 밖으로 표출되는 이미지가 잘못 형성될 수 있다는 점이다. 트위터에서는 자기만의 방식(색깔)을 갖고 운영해야만 지속적으로 유지할 수 있다.

또한 팔로가 1,000명 이상일 경우에 타임라인은 포기해야 한다. 모든 트윗을 읽는다는 것이 불가능해지고, 별도의 검색을 하지 않는 한 필요한 트윗을 읽는 것조차 어려워지므로 처음부터 이런 방식은 권하고 싶지 않다.

트위터를 하다 보면 너무 많은 시간을 할애해 업무에 지장을 줄 경우도 있고, 적절하게 타임라인 관리를 못하거나 불규칙한 소통을 할 때도 있다.

자신과 맞지 않는 사용자와 소통하는 과정에서 실망감을 가질 수도 있고, 정확하지도 않으면서 강한 주장을 내세우는 사용자 때문에 불쾌할 때도 있다.

팔로할 때에는 사용자의 프로필이 정확한지, 어떤 직업

을 가졌는지 살펴보고, 사용자의 타임라인을 좀 더 챙겨 보면서 결정하는 것이 좋다.

또한 한 번 팔로는 영원한 팔로가 아니기에 자신의 커뮤니티에 적합하지 않다고 판단되면 언제든 언팔로를 해도 된다.

국내 사용자 통계(BuzzInsight.net)에 의하면 트위터 가입 이후 43% 사용자가 10명 이하의 팔로를 하고 있다.

트위터가 어떤 곳인지 궁금해서 가입은 했지만 처음부터 누구를 팔로해야 할지 몰라서 포기하는 사용자가 많은 것이다. 50명 이상의 적극적인 사용자는 20% 정도라고 보면 된다.

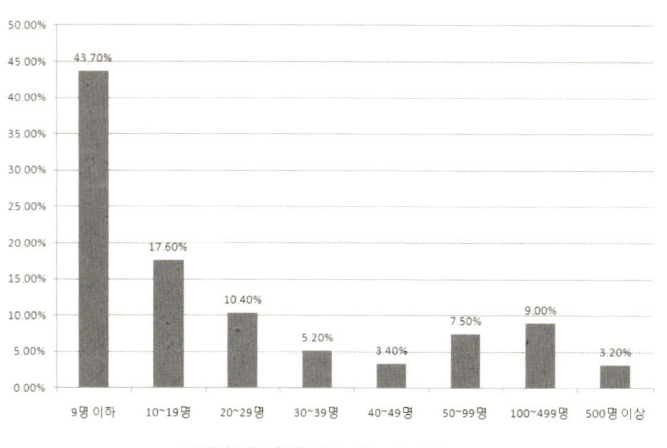

트위터 팔로 현황 분포 - BuzzInsight.net

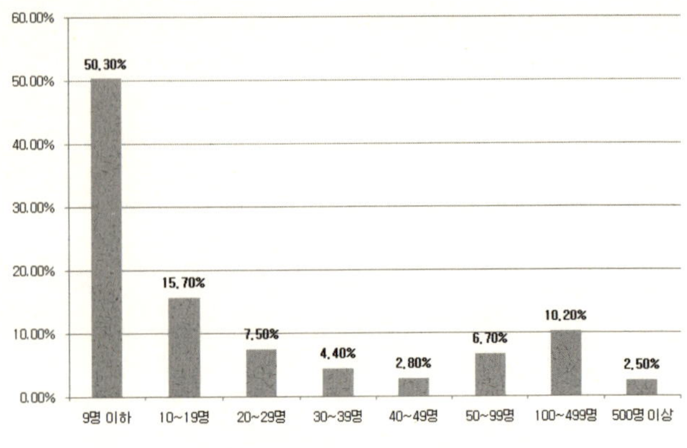

트위터 팔로어 확보 분포 - BuzzInsight.net

또 다른 국내 사용자 통계를 보면 9명 이하의 팔로어를 확보한 사람이 50%이다. 또한 500명 이하의 팔로어를 확보한 사람이 전체의 97%이다.

당신이 100명 이상의 팔로어를 확보했다면 상위 13%에 해당한다고 보면 된다.

어떻게 팔로어를 늘릴까

작은 이벤트와 '트친소' 활용하기

나의 이야기를 들어 주었으면 하는 욕구는 누구나 갖고 있다. 그래서 팔로어를 빨리 늘리고자 선택하는 방법이 흥미로운 이벤트로 자신의 트위터를 알리는 것이다. 저렴하게 책을 제공하는 정도의 이벤트면 충분하다.

또 한 가지 방법은 팔로어가 많은 친구들에게 '트친소'('트위터 친구를 소개합니다'의 줄임말로, 자신의 팔로어들에게 친구를 소개하는 트윗을 보내는 것)를 부탁하는 것이다.

<트친소> 지난 밤에 조영탁의 행복한 경영이야기 조영탁 (@choyoungtak) 대표가 드디어 트위터 입성. 메일로만 받았는데 트위터에서 대화까지 가능하겠는데요. 많은 관심바랍니다.

트위터 '트친소' 진행 화면

그 효과로 100~200명 정도의 팔로어가 확보된다면 앞으로 좀 더 여유 있게 트위터를 운영할 수 있을 것이다.

그 다음부터는 아래와 같은 방법으로 평소 꾸준히 트위터를 관리하면서 팔로어를 점차 더 늘려 나가도록 한다.

■ 팔로어를 늘리는 5가지 방법

① 자신을 잘 알릴 수 있는 프로필을 작성하고, 배경 이미지도 바꾼다.

블로그나 홈페이지를 만들 때처럼 트위터에서도 멋진 프로필을 작성하여 자신을 알릴 수 있다.

자신의 분위기를 잘 표현해 주는 배경 이미지를 통해 사람들에게 한번 더 어필할 수 있다면 더욱 좋다.

프로필은 160자 이내로 작성해야 하며, 자신이 하는 일과 꼭 하고 싶은 말 한두 가지를 넣어 한 문장으로 작성한다(57쪽 참고). 한 가지 주제에 관한 약력을 넣는 것도 좋다.

수정은 '설정(http://twitter.com/settings/profile)'에서 '바이오(Bio)'를 변경하면 된다.

배경 이미지도 바꿀 수 있는데 무료로 제공해 주는 곳도 많고, 이미지와 텍스트 색상을 수정할 수도 있다.

트위터 계정(@hongss) 배경 이미지 화면과 트위터 배경 이미지 작업 화면

② 블로그나 홈페이지가 있다면 트위터 위젯을 달아 둔다.

운영하고 있는 블로그나 홈페이지가 있다면 트위터 버튼과 위젯을 가져다 설치하는 것도 좋다. 이런 서비스를 트위터 사이트에서 제공하고 있으니 참고하기 바란다.

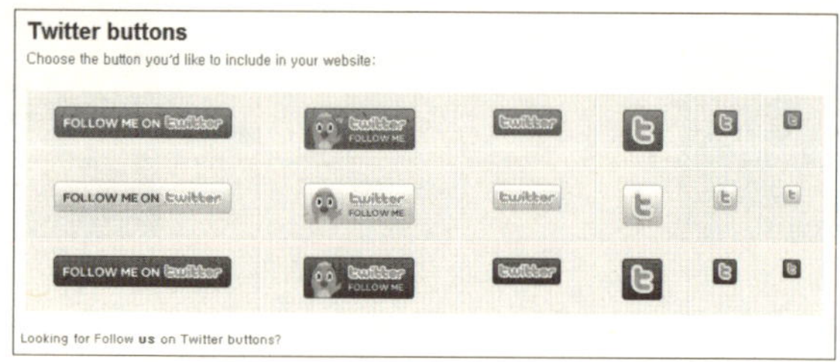

트위터 버튼 http://twitter.com/goodies/buttons

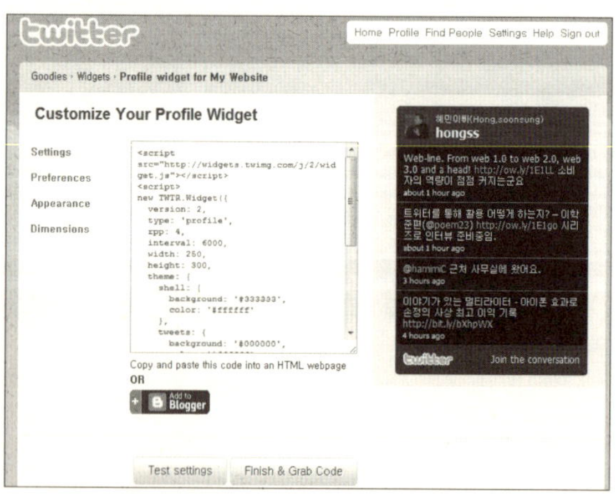

트위터 위젯 만들기 화면 http://twitter.com/goodies/widget_profile

step 3. 누가, 왜 트위터를 사용하나

③ 흥미로운 트윗을 하는 것만으로도 효과적이다.

흥미로운 내용의 트윗을 올리면 많은 사용자가 리트윗을 하면서 아이디가 알려지고, 자연스럽게 팔로어가 늘어나게 된다.

따라서 팔로어를 늘리려면 많은 사람들이 관심을 가질 만한 정보를 소개하는 것이 좋다. 흥미로운 사진과 동영상 트윗은 아주 효과적이다.

또한 나부터 다른 사용자들과 정보를 공유하겠다는 생각을 갖고 오픈 마인드로 트위터 생활을 한다면 다른 어떤 것보다 효과적이다.

최근에는 포스퀘어 서비스를 이용해 자신의 위치를 공유하며 소통할 수 있을 정도로 다양한 방식의 트윗이 가능해졌다.

■ 팔로어를 늘리는 트윗

- 트윗으로 좋은 정보를 소개할 수 없다면 리트윗이라도 하자.
- 자기 계발이라고 생각하고 꾸준하게 책을 읽고 관련 트윗을 하자.
- 꾸준한 트윗을 해야 한다.

- 정보성 트윗

- 이벤트 트윗

- 다른 미디어(동영상, 이미지, 링크 등)를 삽입한 트윗이
  더 효과적이다.

■ 팔로어를 줄이는 트윗

- 너무 수다만 할 경우

- 지나친 트윗

- 남을 비방하거나 싸움을 하는 경우

- 너무 오랫동안 침묵하는 경우

- 남의 트윗을 무시하는 경우

- 지나치게 짧은 트윗의 남발

④ 모꼬지 등 오프라인 모임에 참가한다.

다른 어떤 것보다 오프라인에서 만나게 되면 팔로어가 늘게 된다.

⑤ 자기 소개(Self Intro) 사이트에 등록한다.

http://selfintro.xguru.net

언팔로와 블록의 차이

언팔로(unfollow)를 하고 싶은데 상대방에게 실례는 아닌지, 피해를 주지는 않을지 걱정하는 사람이 있을 것이다. 하지만 언팔로했다고 해서 상대방에게 알림 메시지가 가지는 않으며 피해도 주지 않는다.

팔로는 친구 신청이 아니라 사용자의 트윗 내용을 구독하겠다는 뜻이기 때문이다. 단, 다시 팔로하면 알림 메시지가 가는데 이때 상대방의 기분이 언짢을 수도 있다.

특히 자주 DM(Direct messages)을 주고받던 사용자라면 상호 팔로잉되어 있어야만 DM을 보낼 수 있기 때문에 상당히 빨리 알게 되는 경우도 있다.

한편 블록이나 스팸 신고는 상대방이 피해를 입게 되므로 꼭 필요한 경우에만 사용한다. 많은 사용자가 블록할 경우 결국 트위터 계정을 정지당하는 수도 있으며 많은 사용자가 실제로 당한 사례가 있다.

그렇다면 블록은 언제 진행해야 할까. 역시 내 트윗 정보를 상대방에게 전달하는 것을 꺼릴 때 적용하며, 블록을 하면 상호 언팔로가 되고 상대방의 트윗을 타임라인에서 볼 수 없게 된다.

Seven Days Master Series

step 4

나만의
특별한 트윗
만들기

나에게 적합한
트윗 메시지 소재 찾기

내게 의미 있는 내용을 담아라

트윗은 별도의 운영 원칙은 없을 정도로 편하게 140자 이내로 쓰면 된다. 미국에서 휴대폰 문자 서비스로 주고받을 수 있을 정도로 만들었다고 하니, 그만큼 편한 대화처럼 주고받으면 된다. 사용자에 따라 정보를 주고받을 수도 있고 수다로 이어질 수도 있을 것이다.

하지만 트윗을 작성하는 데 일정한 시간을 투자하다 보면 좀 더 의미 있는 내용을 찾게 되고, 따라서 나에게 적합한 트윗 메시지를 찾는 것이 중요해지고 있다.

결국 나에게 맞는 메시지라야 의미 있는 트윗 작업이 되고, 다른 사용자들과 즐거운 소통을 할 수 있다.

반대로 타인의 의견을 존중하지 않고 비방만 한다면 소

통의 즐거움을 알 수도 없고 팔로어 수도 줄어들어 트위터를 유지하기조차 힘들어진다.

트위터를 운영하려면 나만의 원칙을 갖고 있어야 하고 적절한 시간 조절도 필요하다. 140자밖에 쓸 수 없는데 무슨 운영 원칙이 필요하냐고 말하는 사람도 있겠지만, 계속 사용하다 보면 세상의 모든 것을 여기에 담을 수 있겠다고 느끼게 된다.

많은 사람들이 "소통하고자 하는 인간의 욕망이 140자로도 해소될 수 있다."고 말하며, 정혜신 박사는 트위터를 하면서 "인간 관계 세포가 살아난 것 같다."고 말했다.

소프트뱅크의 손정의 회장은 "우뇌와 좌뇌 외에 외뇌를 하나 더 얻게 된 것 같다."고 소감을 밝힌 바 있다.

트위터는 텍스트 방식에 의존하기보다는 이미지, 동영상, 블로그에 있는 내용을 유통시킬 수 있는 좋은 채널로도 활용할 수 있기에 앞으로 발전 가능성을 더 크게 내다볼 수 있다.

소설가 김영하(@timemuseum)는 트위터를 통해 "나는 신문을 읽지 않고 뉴스도 보지 않는다. 왜냐하면 내가 알아야 할 정도로 중요한 일은 가만히 있어도 사람들이 알려주기 때문이다."라고 했다. 이 말은 앞으로 구현될 소셜 뉴스의 의미를 정확하게 짚어 준다.

http://twitter.com/timemuseum/status/11368069580

트위터는 트윗 메시지를 주고받다 보면 어느새 서로를 알 수 있게 되는 좋은 도구이며, 그로 인해 조금씩 신뢰를 쌓음으로써 팔로어 수도 늘어나도록 되어 있다.

점차 트위터는 소셜 뉴스와 같은 새로운 패러다임이 되어 가고 있다.

개성을 살리는 원칙을 세워라

개성 있는 트위터리언이 되고자 한다면 나만의 트윗 메시지 소재를 찾아야 한다. 필자가 주로 주고받는 트윗 메시지의 소재는 다음과 같다.

① 좋은 웹 서비스 아이디어 및 유용한 정보가 있다면 트위터에 공개해서 같이 토론하고 이야기한다. 내가 가진 정보를 먼저 공유하고 이야기 소재로 활용하면 참여자들이 더 적극적이 되어서 1차적인 소통 방식으로 활용하기 좋다.

② 책을 읽고 나서 메모해 둔 내용을 간략하게 요약하여 사진과 함께 140자로 제공한다. 전문적인 지식이라도 참여하는 사람이 많아지면서 책 소재로 이어지는 소통을 가질 수 있다.

③ 산책을 하거나 대중 교통을 이용하면서 공감 가는 내용이나 흥미로운 부분이 있으면 트윗으로 제공한다.

연희동 근처 버스 정류장 앞에 있는 상점

④ 스마트폰을 통해 이동하면서 RSS 구독한 내용을 트위

터로 보낸다.

⑤ '트위터러의 수다' 정기 방송을 진행하기 위해서 공통된 주제로 이야기하고, 구글 닥스(Google Docs)를 통한 협업 작업을 통해 문서를 공유한다.

⑥ 관심 있는 주제가 있다면 조사한 자료를 먼저 공유함으로써 사람들과 토론을 한다. 그러면 더 방대한 자료를 얻는 기회로 이어진다.

이와 같은 방식을 통해 콘텐츠 생산과 소비가 소통으로 이어지다 보니 팔로어도 꾸준하게 늘어나면서 나만의 운영 방식이 생기고 업무 활용도가 높아졌다.

효율성을 고려한 운영 원칙을 세워라

트위터를 운영하다 무절제한 수다에 빠져들어 트위터 홀릭이 되면 많은 시간을 헛되이 흘려보낼 수도 있고 업무에도 지장을 초래할 수도 있다.

따라서 사용 초기부터 아래와 같은 규칙을 세우고 스스로 통제하는 습관을 갖도록 한다. 트위터에서 일반적으로 지켜야 할 규칙은 다음과 같다.

① 남을 먼저 배려하고, 비방하는 트윗을 자제한다.

② 즐거운 소통을 전제로 먼저 아이디어를 공유한다.

③ 흥미로운 내용의 트윗은 리트윗도 즐겁다.

④ 트윗을 너무 많이 보내는 것도 문제이므로 최대 50개

　를 넘지 않도록 한다.

⑤ 트위터에 너무 많은 시간을 할애하지 않는다.

트위터 운영이 업무에까지 도움을 준다면 매우 이상적일 것이다. 그러기 위해서는 자신의 상황에 맞는 효율적 운영 원칙을 세우는 것이 중요하다.

예를 들어, 필자의 경우 트위터를 사용하는 장비로 노트북과 스마트폰의 이용도가 3대 7 정도다. 자리에 앉아서 트윗 메시지를 보낼 때보다 이동하면서 보낼 때 생각의 범위가 더 커진다.

트위터에 무엇을 써야 할지 따로 시간을 내어 고민하기보다 업무상 이동하는 도중에 짬을 내어 평소 생각하던 내용을 정리한다는 느낌으로 적어 내려가는 것이 나의 트위터 운영 원칙이다.

이런 방식으로 트위터를 운영하다 보니 업무에도 많은 도움이 되고 시간 활용 면에서도 효율적이다.

개인이나 기업의 트위터 초보자를 위한 7가지 팁

① 개인이나 기업의 아이덴티티를 표현할 정확하고 매력 적인 아이디를 만들어라.

② 프로필 내용을 풍부하게 작성하라.

③ 당신의 흥미와 관심에 맞는 트위터 사용자를 검색하라.

④ 신중하게 팔로하라.

⑤ 좀 더 관여하라.

⑥ 팔로어들을 인정하고 독려하라.

⑦ 자신의 트윗을 조절하라.

*출처 : 소셜 링크 http://sociallink.kr/archives/606

영향력 있는 트위터가 되고 싶다면?

① 트위터 운영 목적과 주제를 분명히 한다.

② 프로필난을 비워 두지 말고, 멋진 소개말을 남긴다.

③ 적어도 하루에 하나 이상 꼭 트윗을 남긴다.

④ 스팸에 가까운 트윗은 자제한다.

⑤ 리트윗(RT)과 다이렉트 메시지(DM)를 통해 먼저 인사 하고 또 인사에 답해라.

⑥ 다양한 트위터 어플리케이션을 찾아내고 직접 활용해 본다.

*출처 : 웹액추얼리 http://www.webactually.co.kr/archives/1278

트위터 가입 후
가장 어려운 점 극복하기

어떻게 시작할까

트위터 가입은 아이디와 이메일, 패스워드만 넣으면 될 정도로 쉽게 가입할 수 있으나 이후에는 무엇부터 해야 할지 망설이는 사용자가 많다.

특히 "What's happening?"이라는 질문 아래 있는 네모칸에 140자를 쓰라는데, 아무 내용이나 써도 되는지 정해진 규칙이 있는지 망설이게 된다.

이것저것 기능이 더 있나 눌러 보다가 조금씩 이해는 되지만 네모칸 안에 140자를 써야 하는 부담감은 점점 더 커지기만 한다.

공개적으로 무언가를 써 본 사용자라면 모를까, 대부분의 사람은 썼다 지웠다를 여러 번 되풀이하다가 결국 '처음 가입했다, 누가 도움을 주었다, 새로운 세계에 들어온 것 같다' 등의 말을 서두로 글을 적기 시작한다. 드디어 트위터에 첫발을 내디딘 순간이다.

그러나 그 다음, 누구를 팔로잉해야 할지 고민이 되고, 누군가의 도움 없이는 더 이상 진행하기가 쉽지 않다. 결국 머뭇거리다가 거기서 멈추고 마는 사용자가 태반이다.

다행히 지인의 도움으로 '트친소'로 소개되어 팔로어가 늘어나다 보면 조금씩 자신감을 얻게 되고, 두 번째, 세 번째 트윗 메시지를 보내게 된다. 이후 팔로어 사용자들이 보낸 멘션이 들어오면 소통의 매력에 빠지는 단계로 접어든다.

이처럼 트위터는 가입 후 혼자 힘으로 운영의 재미를 느끼는 데까지 다소 시간이 걸린다. 또 이후에도 지속적으로 운영하려면 트위터 용어도 이해해야 하고 소통 방식도 찾아야만 한다.

필자의 경험도 이와 비슷했다. 1년 전에 트위터 가입과 동시에 무얼 적어야 하나 싶었고, 이후에도 큰 관심이 없어 시큰둥했던 기억이 난다. 가끔 찾아오는 후배로부터 한두 마디씩 들었던 내용으로 조금씩 업데이트를 하면서 흥미를 찾게 되었다.

거기까지 도달하는 데 2~3주 정도의 시간이 걸렸던 것을 생각해 보면 많은 사용자들도 비슷한 고민을 하고 있을 거라 판단 된다.

가입 후 가장 어려운 점

트위터 사용자들에게 사용 초기에 어려움을 겪은 이유를 물었더니, '용어 이해 부족'이라는 답변이 자그마치 25%나 되었다.

트위터 홈페이지에서 제공하는 도움말이 충분하지 않고, 사용자들이 다양한 플랫폼(PC와 모바일)에서 사용하다 보니 초기에는 커뮤니케이션에 어려움을 갖게 되는 것으

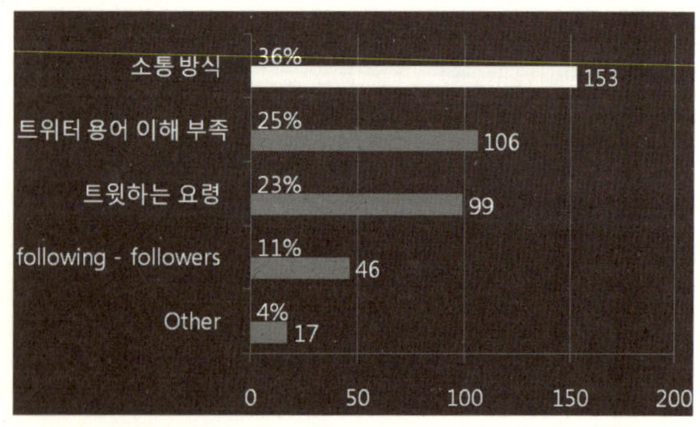

트위터 사용 초기에 가장 어려웠던 부분 – http://twtpoll.com/mgwgq3

로 보인다. 한편 트위터 홈페이지의 기본 기능 부족 요인
은 매시업 서비스가 늘어나는 계기가 되었다.

그럼 트위터 사용자들이 처음에 어려워하는 요인들에
관해 살펴보자.

1) 소통 방식(36%)

끊임없는 타임라인이 올라오는데 어디에서 대화에 끼어
들어 이야기해야 할지도 모르겠고, 혹 이런 말을 해도 될
지 망설이다 보면 아무 곳에도 끼어들지 못하게 된다. 모
든 대화에 참여하는 것은 거의 불가능하고, 편하게 할 수
있는 대화를 찾기가 쉽지 않다.

기업 트위터 같은 경우도 비슷해서 오픈된 대화를 나눌
수 없다. 개인으로서가 아닌 기업의 입장으로 접근하다 보
니 기업 이미지가 손상되는 부분을 걱정하게 되어 결국 아
무 대화도 이루어지지 않는다. 기껏해야 이벤트를 알리는
정도의 한정된 방식으로만 소통되고 있다.

2) 트위터 용어 이해 부족(25%)

처음 트위터를 가입하면 팔로잉, 팔로어, 답변, 리트윗
등 생소한 용어를 접하다 보니 사용법을 이해하기가 쉽지

않다. 또한 웹을 통해 이용하다 보면 남들처럼 편한 기능을 활용하기도 어렵다.

마침 주변에 트위터에 익숙한 사람이 있어서 트위터 클라이언트 프로그램과 스마트폰을 통해서 사용하는 방법을 알려 준다면 이 단계는 쉽게 건너뛸 수 있겠지만 현실은 그렇지 못하다.

3) 트윗하는 요령(23%)

140자 이내로 글을 쓴다는 부담감이 크다. 수다보다는 의미 있는 글을 제공하려다 보니 더욱 부담이 된다. 트위터는 열린 마음으로 접근하고, 생각했던 말을 남이 이해할 수 있도록 쓰기만 하면 된다.

해서는 안되는 말이라면 남에게 피해를 주는 말이나 회사의 기밀 정도 등이고, 오프라인에서 대화하던 방식을 생각하며 이야기하면 된다.

가장 편안한 상태로 지금 무얼 하고 있는지 적어 본다. 예를 들어 '밥을 먹고 있다. 어디서 먹는다.' 같은 내용도 상관없다.

4) 그 밖의 어려운 점

- 트위터 시간 조절(너무 빠져들지 않도록 자신을 컨트롤)
- 끝없는 타임라인 따라잡기
- 팔로 찾기(Find people)
- 글에 무언가 큰 정보를 담아야 할 것 같은 부담감
- 나중에 봐도 후회하지 않을 글 쓰기
- 소재 발굴

처음부터 트위터를 어려워하지 않고 부담 없이 사용하는 사람도 있다. 그런 사람의 특징은 온라인이나 오프라인 양쪽에서 편하게 소통을 잘한다는 것이다. 특히 생각이 열려 있고 사람들과 의견 교환이 능숙한 사람일수록 적응력도 빠르고 활용도가 높다.

소통하려는 의지가 없는 사용자가 트위터에 들어오면 그만큼 다른 환경에 놓이기 때문에 지금까지의 생각과 소통 방식을 바꾸지 않는다면 적응하기 어렵다.

국내 사용자들 입장에서 보면 트위터가 친절한 서비스라고는 볼 수 없다. 그동안 사용해 온 서비스는 사용자에게 다양한 디자인과 편리한 도움말을 제공하고, 클라이언트까지 잘 갖춰진 서비스였지만 트위터는 이런 것들이 제대로 갖춰져 있지 않다.

메뉴와 전체적인 서비스가 영어로 되어 있으니 한글 입력을 했을 때 제대로 했는지도 의심된다.

또한 트위터 사용자는 국내 사용자만 있는 것이 아니라 해외 사용자도 있고, 사람들이 컴퓨터 앞에서만 쓰고 있는 것이 아니라 이동하면서 스마트폰을 사용하거나 그 밖의 다양한 플랫폼을 통해 이용한다.

필자의 트위터 팔로잉은 1,700명이 넘는다. 그러다 보니 사람들로부터 자주 듣는 질문 중 하나가 타임라인에 올라온 모든 내용을 다 읽는지 여부다.

모든 내용을 다 읽으려면 하루라는 시간이 부족할 정도로 방대한 내용이 올라오는 것이 트위터의 세계다. 결국 필자가 선택한 것은 크게 두 가지 방식이다.

첫 번째, 최근 200개의 트윗 메시지를 훑어본다.

이걸 통해서 실시간 흐름을 볼 수 있으며, 지금 중요 이슈가 무엇인지 알 수 있다. 결국 중요한 내용은 반드시 반복되어 나오기 때문에 그런 내용이 리트윗되는 것을 살펴보게 된다.

두 번째, 리스트를 통해서 관심 있게 듣고자 하는 사용자의 트윗 메시지를 관리해 둔다.

물론 이런 방식을 처음부터 얻게 된 것은 아니다. 트위터를 꾸준하게 하다 보니 조금씩 자신에게 맞는 방법을 찾게 되었다.

중요한 점은 모든 트윗 메시지를 들어야 한다고 생각하지 말라는 것이다. 들어야 할 이야기는 리트윗을 통해서 꼭 다시 듣게 된다.

그렇다고 리트윗이나 현재 타임라인에만 신경 써야 한다는 것은 아니다. 부모님이나 애인 같은 매우 특별한 사이라면 당연히 모든 트윗을 찾아서 읽어야 할 것이다.

트위터 활용을 위한 모바일 환경 구성

나에게 적합한 트위터 환경 찾기

트위터 활용도를 높이려면 실시간 대화의 흐름을 파악하는 것이 중요하다. 또한 다른 사용자가 어떤 방식으로 트위터를 활용하는지도 알아보고, 단순히 데스크톱 환경에만 의존하는 것이 아니라 모바일로 트위터를 사용할 수 있는 환경도 마련해야 한다.

뿐만 아니라 트위터의 실시간 대화 기능을 활용한 협업 작업과 설문 조사 등은 앞으로도 활용하면 좋다.

트위터의 장점 중에 하나가 오픈 API 형태로 되어 있어서 다양한 클라이언트가 제공된다는 것이다. 하지만 그중에서 자신에게 적합한 클라이언트 도구를 찾아서 사용하는 것도 쉽지는 않다.

Twitter Clients, Apr 28, 2010

Shows Twitter client usage for all accounts tracked by @twitstat.

Rank		Client	% of users	Tweets/user
1	(1)	web	17.45 %	2.51
2	(2)	TweetDeck	10.43 %	3.38
3	(3)	Tweetie	7.82 %	2.70
4	(5)	twitterfeed	6.42 %	4.36
5	(6)	HootSuite	5.75 %	2.77
6	(4)	foursquare	4.95 %	1.28
7	(7)	Echofon	3.48 %	3.17
8	(8)	Seesmic	3.28 %	2.33
9	(9)	TweetDeck	3.01 %	5.11
10	(10)	API	2.67 %	3.98
11	(16)	txt	1.80 %	1.56
12	(21)	Facebook	1.80 %	1.11
13	(17)	FriendFeed	1.67 %	2.96
14	(15)	UberTwitter	1.54 %	2.35
15	(11)	TweetMeme	1.54 %	1.35

전 세계 트위터 클라이언트 사용률 – http://twitstat.com/twitterclientusers.html

그렇다면 나에게 적합한 트위터 클라이언트 어플은 무엇일까? 필자의 경우는 노트북에서 트윗덱(TweetDeck)과 웹(Web)을 같이 사용한다.

웹에서는 스크롤을 통해 실시간 트윗 흐름 메시지를 체크할 때 사용하고, 전용 클라이언트 도구인 트윗덱을 통해서는 짧은 링크(Shorten URLs), 이미지 업로드, 사용자 선택 후 바로 DM 및 리플(다중 포함) 기능을 활용한다.

트윗덱의 가장 큰 매력은 자동으로 업데이트 내용을 한 화면에 볼 수 있는 상황실 같은 기능이 제공된다는 점이다. 그 밖에 다중 트위터 계정 활용, 페이스북 피드 전송, 해시태그, 별도의 그룹 기능으로 아이폰과 연동되는 장점을 갖고 있다.

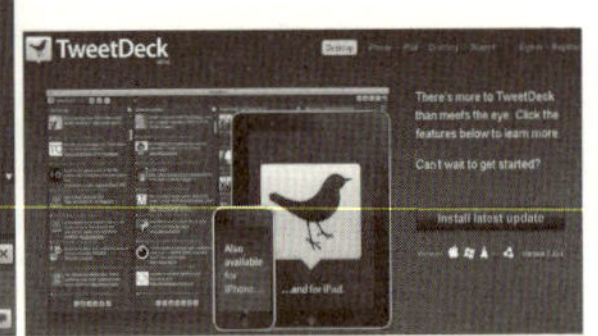

트윗덱 기본 화면

그 외 많이 사용하는 것이 시스믹(Seesmic)인데 웹 화면뿐 아니라 별도의 클라이언트가 있어 유용하다.

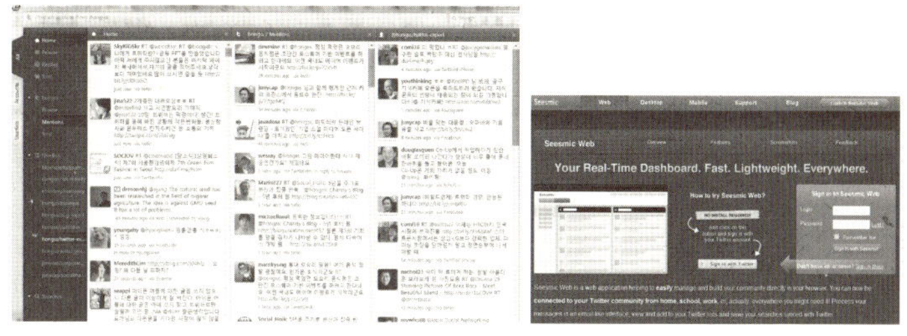

시스믹 기본 화면

스마트폰 어플 활용

트위터를 적극적으로 활용하기에는 역시 스마트폰만큼 좋은 것이 없다. 스마트폰을 사용하면 데스크톱에서 활용하는 것 이상으로 폭넓은 소통을 할 수 있을뿐더러 포스퀘어와 같은 서비스를 통해 다양한 트윗을 보낼 수 있는 장점도 있다.

또한 대부분의 스마트폰 어플에서는 GPS를 이용한 현재 위치 서비스, 실시간 동영상 중계와의 연동 서비스를 활용할 수 있다.

뿐만 아니라 주변에 있는 트위터리언도 쉽게 찾을 수 있기 때문에 스마트폰에서 트위터를 사용하는 경우 그 방법은 대단히 확장된다.

스마트폰 제공 트위터 어플

스마트폰 종류	주로 사용하는 어플
아이폰	Tweetie, Echofon, TweetDeck, 파랑새
블랙베리	UberTwitter
윈도 모바일	Motweet, 포켓트윗
안드로이드	Seesmic, tweetdroid

아이폰에 설치된 에코폰 멘션 화면

웹 클라이언트를 이용한 실시간 설문 조사

트위터의 또 다른 매력은 실시간 설문 조사 작업을 할 수 있다는 점이다. 트위터 사용자라면 별도의 로그인 인증 없이 진행할 수 있고, 작업 방법도 어렵지 않기 때문에 참여율이 높아서 많은 사람들이 사용하고 있다.

해외 클라이언트 서비스는 TWTpoll(http://twtpoll.com)
이며, 국내 클라이언트 서비스는 이찬진 드림위즈 대표가
만든 twtkr(http://twtkr.com)을 사용하면 된다.

트위터로 설문을 진행하면 스마트폰을 통해 참여할 수
있는데, TWTpoll은 별도의 로그인 없이 참여할 수 있다.

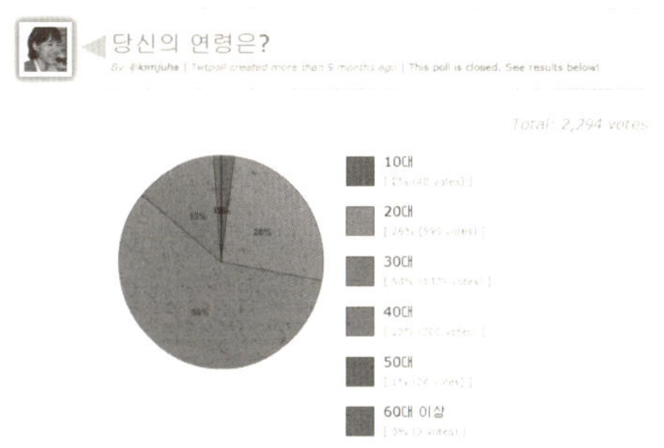

김주해(@kimjuha) 아나운서가 만든 설문 – http://twtpoll.com/9x2f1k

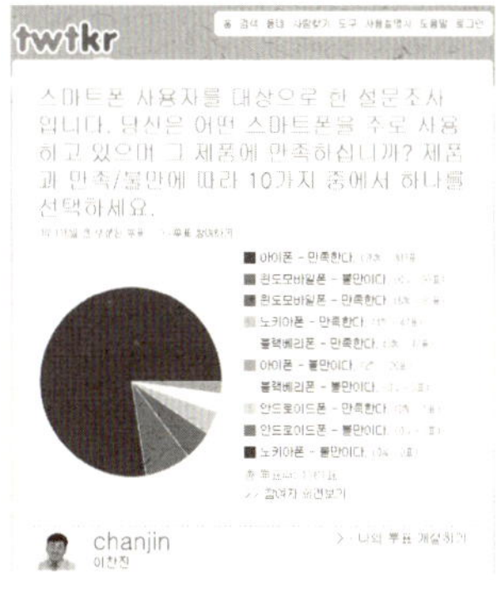

Twtkr 설문 조사 화면

구글 닥스를 통한 협업

구글 닥스를 통한 협업은 트위터 실시간 파워를 이용한 한 가지 방안이다. 공통된 이슈가 있을 때 많은 사용자들이 참여해서 의견을 주고받을 수 있는 형태로 진행한다.

구글 닥스를 통해 빈 문서와 기본 서식을 대충 정해 둔 다음 이를 트위터에 공개하면 수십 명이 참여해서 문서를 편집해 나가는 방식이다.

실제로 이 방법으로 진행해 본 결과 빠른 시간에 몇십 명의 의견을 모을 수 있어 좋았고, 덕분에 고민하고 있던 많은 내용들을 해결할 수 있었다.

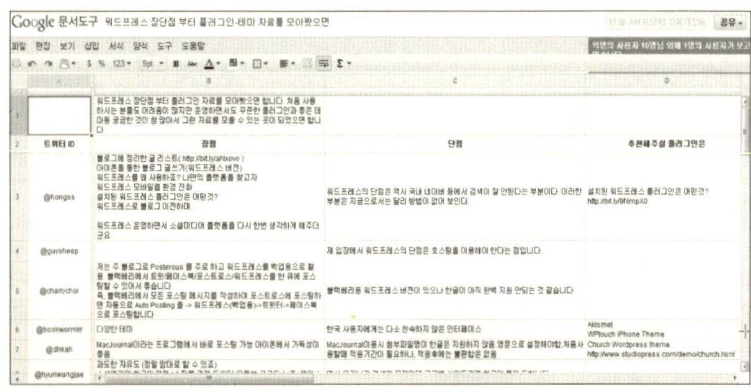

Google 문서도구　워드프레스 장단점 부터 플러그인-테마 자료를 모아봤으면　　11:05 AM KST에 프리자님이　공유▾

파일　편집　보기　삽입　서식　양식　도구　도움말

트위터 ID	장점	단점	추천해주실 플러그인은
	워드프레스 장단점 부터 플러그인 자료를 모아봤으면 합니다. 처음 사용하시는 분들도 어려움이 많지만 운영하면서도 꾸준한 플러그인과 좋은 테마들 궁금한 것이 참 많아서 그런 자료를 모을 수 있는 곳이 되었으면 합니다.		
@hongss	블로그에 정리한 글 리스트(http://bit.ly/aNxovo) 아이폰을 통한 블로그 글쓰기(워드프레스 버젼) 워드프레스를 왜 사용하죠? 나만의 플랫폼을 찾고자 워드프레스 모바일웹 환경 진화 설치된 워드프레스 플러그인은 어떤것? 워드프레스로 블로그 이전하며... 워드프레스 운영하면서 소셜미디어 플랫폼을 다시 한번 생각하게 해주더군요	워드프레스의 단점은 역시 국내 네이버 등에서 검색이 잘 안된다는 부분이다. 이러한 부분은 지금으로서는 달리 방법이 없어 보인다.	설치된 워드프레스 플러그인은 어떤것? http://bit.ly/9NmpX0
@guysheep		제 입장에서 워드프레스의 단점은 호스팅을 이용해야 한다는 점입니다.	
@charlychoi	저는 주 블로그로 Posterous 를 주로 하고 워드프레스를 백업용으로 함 을 블랙베리에서 트윗/페이스북/포스트로스/워드프레스를 한 큐에 포스팅할 수 있어서 좋습니다 즉, 블랙베리에서 모든 포스팅 메시지를 작성하여 포스트로스에 포스팅하면 자동으로 Auto Posting 을 -> 워드프레스(백업용)->트윗터->페이스북으로 포스팅합니다	블랙베리용 워드프레스 버젼이 있으나 한글이 아직 완벽 지원 안되는 것 같습니다	
@bookwormir	다양한 테마	한국 사용자에게는 다소 친숙하지 않은 인터페이스	Akismet WPtouch iPhone Theme
@dhkah	MacJournal이라는 프로그램에서 바로 포스팅 가능 아이폰에서 가독성이 좋음	MacJournal이용시 첨부파일명이 한글은 지원하지 않음.영문으로 설정해야함.처음사용할때 적응기간이 필요하나, 적용후에는 불편함은 없음	Church Wordpress theme http://www.studiopress.com/demo/church.html
@hyunwungjae	과도한 자유도 (정말 맘대로 할 수 있죠)		

구글 닥스로 제공되고 나서 함께 참여한 화면

트위터를 통해 몇 가지 주제들을 트윗 메시지로 보내고
나서 많은 분들이 관심을 갖는 주제가 있고 그 내용들을
모아 볼 필요가 있다고 판단되면 토론을 하거나 협업을 통
해 실시간으로 문서 작업을 할 수 있다. 이럴 경우 구글 닥
스를 열어 놓고 진행하면 관심 있는 트위터러와 함께 다양
한 의견을 수렴할 수 있다.

- (구글 닥스 공유) 당일 저녁 9시에 '트위터러의 수다'
  로 'SNS와 스마트폰이 주는 사회적인 변화'에 관해
  이야기할 예정. 이와 관련해서 공유합니다.
  http://bit.ly/dphdr6 @hiconcep @junycap과 트윗
  방송을 진행합니다.

- @NZSunny   SNS와 스마트폰의 관계에서 제일 중
  요한 것은 1. 이동성 2. Always On입니다. 싸이월드
  와 같은 서비스가 한국에서의 SNS형 서비스의 시초
  였다고 하면 PC 앞에 앉아야만 가능했던 SNS 서비스
  였지요.
  물론 피처폰(일반 휴대폰)에서도 가능하다고는 하였으
  나 작은 화면과 불편한 유저 인터페이스(User Inter-

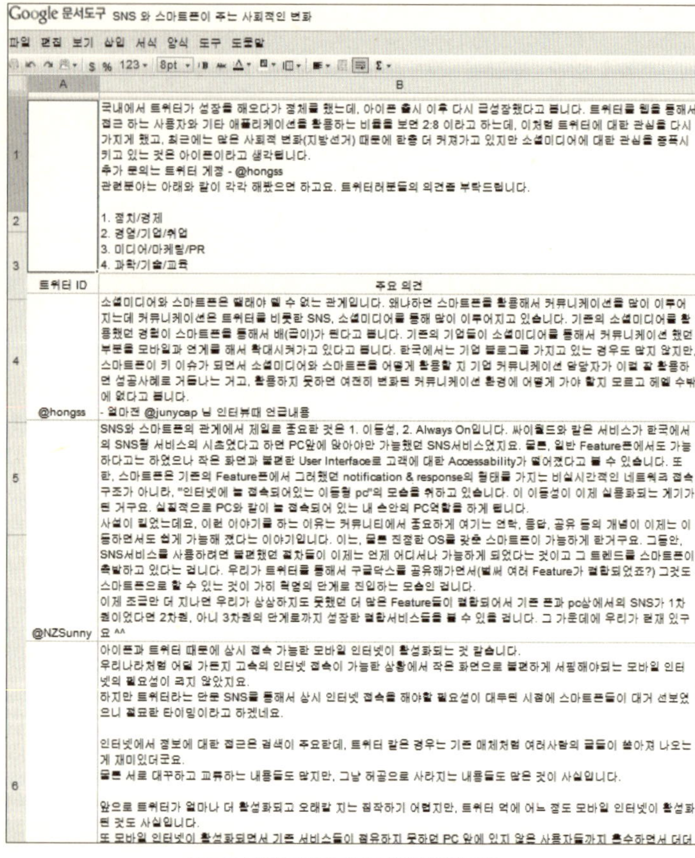

Google 문서도구 SNS 와 스마트폰이 주는 사회적인 변화

파일 편집 보기 삽입 서식 양식 도구 도움말

	A	B
1		국내에서 트위터가 성장을 해오다가 정체를 했는데, 아이폰 출시 이후 다시 급성장했다고 봅니다. 트위터를 웹을 통해서 접근 하는 사용자와 기타 애플리케이션을 활용하는 비율을 보면 2:8 이라고 하는데, 이처럼 트위터에 대한 관심을 다시 가지게 했고, 최근에는 많은 사회적 변화(지방선거) 때문에 한층 더 커져가고 있지만 소셜미디어에 대한 관심을 증폭시키고 있는 것은 아이폰이라고 생각됩니다. 추가 문의는 트위터 계정 - @hongss 관련분야는 아래와 같이 각각 해봤으면 하고요. 트위터러분들의 의견좀 부탁드립니다.
2		1. 정치/경제 2. 경영/기업/취업
3		3. 미디어/마케팅/PR 4. 과학/기술/교육
	트위터 ID	주요 의견
4	@hongss	소셜미디어와 스마트폰은 뗄래야 뗄 수 없는 관계입니다. 왜냐하면 스마트폰을 활용해서 커뮤니케이션을 많이 이루어지는데 커뮤니케이션은 트위터를 비롯한 SNS, 소셜미디어를 통해 많이 이루어지고 있습니다. 기존의 소셜미디어를 활용했던 경험이 스마트폰을 통해서 배(근이)가 된다고 봅니다. 기존의 기업들이 소셜미디어를 통해서 커뮤니케이션 했던 부분을 모바일과 연계를 해서 확대시켜가고 있다고 봅니다. 한국에서는 기업 블로그를 가지고 있는 경우도 많지 않지만, 스마트폰이 키 이슈가 되면서 소셜미디어와 스마트폰을 어떻게 활용할 지 기업 커뮤니케이션 담당자가 이럴 잘 활용하면 성공사례로 거듭나는 거고, 활용하지 못하면 여전히 변화된 커뮤니케이션 환경에 어떻게 가야 할지 모르고 헤멜 수밖에 없다고 봅니다. - 얼마전 @junycap 님 인터뷰때 언급내용
5	@NZSunny	SNS와 스마트폰의 관계에서 제일로 중요한 것은 1. 이동성, 2. Always On입니다. 싸이월드와 같은 서비스가 한국에서의 SNS형 서비스의 시초였다고 하면 PC앞에 앉아야만 가능했던 SNS서비스였지요. 물론, 일반 Feature폰에서도 가능하다고는 하였으나 작은 화면과 불편한 User Interface로 고객에 대한 Accessability가 떨어졌다고 볼 수 있습니다. 또한, 스마트폰은 기존의 Feature폰에서 그러했던 notification & response의 형태를 가지는 비실시간적인 네트워크 접속 구조가 아니라, "인터넷에 늘 접속되어있는 이동형 pc"의 모습을 취하고 있습니다. 이 이동성이 이제 실용화되는 계기가 된 거구요. 실질적으로 PC와 같이 늘 접속되어 있는 내 손안의 PC역할을 하게 됩니다. 사실이 되었는데요, 이런 이야기를 하는 이유는 커뮤니티에서 중요하게 여기는 연락, 등답, 공유 등의 개념이 이제는 이동하면서도 쉽게 가능해 졌다는 이야기입니다. 이는, 물론 진정한 OS를 맞춘 스마트폰이 가능하게 한거구요. 그동안, SNS서비스를 사용하려면 불편했던 절차들이 이제는 언제 어디서나 가능하게 되었다는 것이고 그 트렌드를 스마트폰이 촉발하고 있다는 겁니다. 우리가 트위터를 통해서 구글닥스를 공유해가면서(벌써 여러 Feature가 결합되었죠?) 그것도 스마트폰으로 할 수 있는 것이 가히 혁명의 단계로 진입하는 모습인 겁니다. 이제 조금만 더 지나면 우리가 상상하지도 못했던 더 많은 Feature들이 결합되어서 기존 폰과 pc상에서의 SNS가 1차원이었다면 2차원, 아니 3차원의 단계로까지 성장한 결합서비스들을 볼 수 있을 겁니다. 그 가운데에 우리가 현재 있구요 ^^
6		아이폰과 트위터 때문에 상시 접속 가능한 모바일 인터넷이 활성화되는 것 같습니다. 우리나라처럼 어딜 가든지 고속의 인터넷 접속이 가능한 상황에서 작은 화면으로 불편하게 서핑해야되는 모바일 인터넷의 필요성이 크지 않았지요. 하지만 트위터라는 단문 SNS를 통해서 상시 인터넷 접속을 해야할 필요성이 대두된 시점에 스마트폰들이 대거 선보였으니 절묘한 타이밍이라고 하겠네요. 인터넷에서 정보에 대한 접근은 검색이 주요한데, 트위터 같은 경우는 기존 매체처럼 여러사람의 글들이 쏟아져 나오는게 재미있더군요. 물론 서로 대꾸하고 교류하는 내용들도 많지만, 그냥 허공으로 사라지는 내용들도 많은 것이 사실입니다. 앞으로 트위터가 얼마나 더 활성화되고 오래갈 지는 짐작하기 어렵지만, 트위터 역에 어느 정도 모바일 인터넷이 활성화된 것도 사실입니다. 또 모바일 인터넷이 활성화되면서 기존 서비스들이 점유하지 못하던 PC 앞에 있지 않은 사용자들까지 흡수하면서 더더

구글 닥스에서 제공된 도구로 협업 작업한 화면

step 4. 나만의 특별한 트윗 만들기

face)로 고객에 대한 접근성(Accessability)이 떨어졌다고 볼 수 있습니다.

또한 스마트폰은 기존의 피처폰에서 그러했던 notification & response의 형태를 지닌 비실시간적인 네트워크 접속 구조가 아니라, '인터넷에 늘 접속되어 있는 이동형 PC'의 모습을 취하고 있습니다. 이 이동성이 이제 실용화되는 계기가 된 거구요. 실질적으로 PC와 같이 늘 접속되어 있는 내 손 안의 PC 역할을 하게 됩니다.

이와 같은 방식으로 협업을 하면 개인이 갖고 있는 깊은 지식을 140자 안에 담지 못한 부분까지 제공 받을 수 있으며 개방된 자료이기 때문에 많은 분들이 두고두고 살펴볼 수 있다.

그 외 구글 닥스를 통해 얻은 자료는 다양하다. 필자는 하나의 주제를 던졌을 뿐인데 참여하시는 분들이 한두 줄씩 주신 의견과 정보로 내용이 알차게 채워지면서 참여했던 분들도 그 속에서 새로운 정보를 얻어 가고 있다.

- 워드프레스 장단점부터 플러그인 테마 자료를 모아
  봤으면 – http://bit.ly/ah3OVA
- 중소기업이 트위터를 사용할 경우 효과적인지? 장단
  점은? – http://bit.ly/bSTndY
- 아이폰의 출시 이후 달라진 변화와 앞으로 바뀔 문화
  는? – http://bit.ly/dm62Su

필자의 또 다른 경험으로, 매주 진행하는 '트위터러의 수다' 방송 같은 경우는 구글 닥스의 도움을 크게 얻는다.

매주 힘겨운 주제와 내용으로 이야기하다 보니 관련 내용을 모두 수집하기에는 역부족이다. 그래서 '이번 주제는 뭡니다'라고 트윗을 통해 전달하면 많은 분들이 참여해서 정보를 공유해 준다.

이런 자료와 내용으로 '트위터러의 수다' 방송을 진행하다 보니 방송 참여율도 높아져 활용할 수 있는 부분은 점점 더 늘어나고 있다.

혼자서 방송을 준비하려면 많은 시간이 소요되었겠지만 이런 협업을 통해서 빠른 시간 안에 준비하여 진행할 수 있었다. 또 참여자들이 많은 의견을 준 덕분에 부족함을 채울 수 있었다.

이런 방식은 학생, 직장, 1인 기업, 작가 등 어디서든 공
감을 불러일으키고 호응을 얻을 수 있다면 가능하리라 본
다. 충분히 시도해 볼 만하다.

Seven Days Master Series

step 5

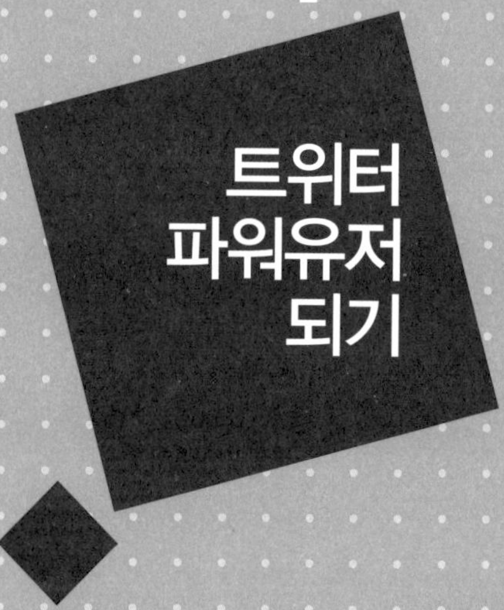

좋은 정보를 만드는
효율적 활용법

양질의 정보는 무한히 재생산된다

트위터에서는 수많은 사람들이 자신이 지금 무엇을 하는지 말하거나 다른 사용자들과 대화를 나누고 있다. 그들의 모든 이야기를 들을 수도 있고 대화를 나눌 수도 있다.

트위터 가입 후 운영하다 보면 멘션(Mention)과 팔로어(follower) 수가 늘어나는 것을 보게 되는데, 그건 그만큼 소통의 방식도 익히게 되면서 역량도 커지고 있다는 의미이자 관심도 늘어나고 있다는 증거다.

그렇다면 좀 더 트위터를 효율적으로 사용할 수 있는 방법을 갖추기 위해 어떻게 해야 할지 한번 고민해 보자.

팔로어가 많이 늘었다고 해서 트위터를 효율적으로 운영하고 있거나 소통을 잘할 수 있다는 것은 결코 아니다.

트위터의 특성이라고도 볼 수 있는 것이 신뢰감을 얻는 방식인데, 팔로어가 많다고 해서 신뢰감이 높다고 볼 수는 없다. 신뢰감은 많은 사용자로부터 아주 조금씩 소통을 통해서 쌓여 간다는 점을 유의해야 한다.

트위터 세계에서 좋은 정보란 항상 정해져 있는 것이 아니다. 트위터리언 @troater 말에 의하면, 양질의 정보는 리트윗과 리스트 기능을 통해 무한히 재생산 및 확산되며 유용하지 않은 정보는 이런 재생산에도 연결되지 않는다.

즉 트위터의 메커니즘에서는 개개인의 이용자가 정보의 필터 역할을 한다는 것이다. 사용자가 많을수록 네트워크 구성원이 전문적일수록 이들의 자체 정보 선별 역할이 검색 엔진의 인공 지능을 훨씬 뛰어넘는 슈퍼 포털에 다가간다는 것이다.

좋은 정보는 어떻게 만들어지나

이런 트위터의 메커니즘을 통해 정보의 생산과 소비가 확산되면서 유용한 정보는 세상에 알려지게 된다. 그렇다면 이런 유용한 정보를 생산하는 방법은 무엇인가?

1) 듣고 또 들어서 귀가 뚫려야 한다.

처음부터 유용한 정보를 찾기는 힘들다. 트위터 생태계에서는 어떤 내용으로 소통을 하고 있는지 꾸준히 듣다 보면 다음에 어떤 말을 해야 할지 그 속에서 해답을 얻을 수 있다.

타임라인에는 감동을 주는 글, 꼭 필요한 정보, 관심 가져야 할 내용들이 계속 나오게 될 것이며, 그러한 내용을 리트윗이나 멘션을 통해 주고받을 수 있다.

이것이 대화에 참여하기 전에 누군가의 타임라인을 먼저 읽어야 하는 이유이며, 그렇게 본 내용이 아주 유용할 때가 많다. 때로 트윗 메시지 중에 기록해 두고 싶은 것이 있으면 즐겨찾기(Favorites)를 통해 관리하면 좋다.

2) 리트윗과 멘션을 활용한다.

유용한 정보가 어떻게 생산과 소비가 되는지를 파악해야 하며 그 속에서 재생산을 하다 보면 어떤 정보가 유용한 정보인지 쉽게 구분할 수 있다. 그런 역할이 커지면서 신뢰도 쌓이고 팔로어도 늘어난다.

또한 트위터는 실시간 흐름 파악이 중요하기 때문에 이런 과정은 매주 중요하다. 정보 제공이 대화에 참여하는 유일한 방법은 아니며, 반대로 질문을 통해 정보를 요청하는 방법도 있다.

3) 꾸준한 소통으로 신뢰를 쌓는다.

팔로어 수가 많다고 해서 유용한 정보를 많이 제공하고 소통 방식이 훌륭한 트위터라고 볼 수는 없다.

사용자가 계속해서 노력하지 않는다면 사람들은 관심조차 갖지 않게 되며, 트위터리언들과의 소통이 원활하지 않으면 어느새 존재감도 사라진다.

꾸준하게 트윗 메시지를 제공하고 팔로어들과 소통이 이어져야만 존재감도 신뢰도 이어질 수 있다.

4) 리트윗 가능한 공간을 남긴다.

정보를 140자 안에 꽉 채워서 보내면 리트윗을 하려고 할 때 아이디와 의견을 제공할 수 있는 공간이 부족해진다. 메시지는 100~120자 정도로 작성해서 공간 여유를 두는 것이 좋다.

트위터의 효율을 높이는 기능과 도구

트윗 작성을 효율적으로 하려면 아래 기능과 도구를 잘 활용해 보기 바란다.

1) 즐겨찾기(Favorites)

타임라인을 읽다 보면 두고두고 읽어볼 만한 내용들이 많이 나타난다. 별도의 저장 툴이 있다면 활용하고, 그렇지 않다면 트위터에서 제공해 주는 즐겨찾기 기능을 활용하기 바란다.

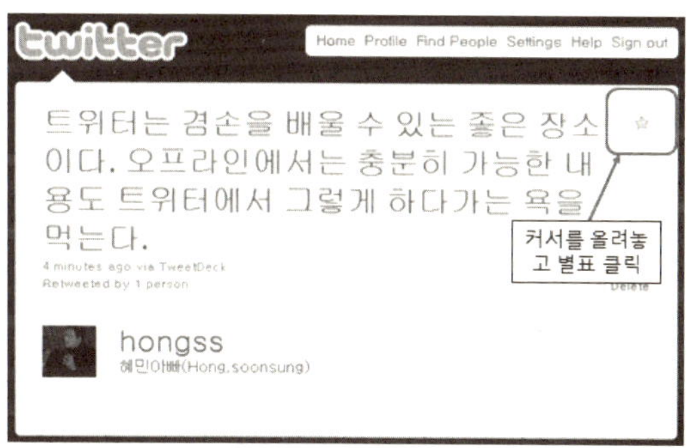

즐겨찾기 방법

즐겨찾기는 여러 용도로 쓸 수 있는데, 홈페이지에서처럼 북마크 기능으로 활용할 수도 있고, 특정 트윗 메시지에 대해 지금은 답변할 수 없으나 나중에 답변을 하기 위해 기록해 두는 용도로 사용하기도 한다.

즐겨찾기는 타임라인에서 떠내려간 트윗을 붙잡아 두었다가 빨리 찾아 볼 수 있게 해 주는 유용한 기능이다.

2) 리스트(List)

팔로어 수가 어느 정도 많아지면 자신이 글을 읽는 속도보다 타임라인에 트윗이 올라오는 속도가 더 빨라진다.

더구나 24시간 트위터에 붙어 있는 것이 아니라면 팔로어 수가 얼마 되지 않아도 타임라인의 트윗 메시지를 다 읽을 수 없을 때가 많다. 이런 경우에 효율적인 관리 방안은 리스트 기능을 활용하는 것이다.

리스트는 별도의 지정된 사람들만 모아서 트윗을 보여 주는 기능으로, 자신과 특별한 관계이거나 특정 주제에 대해서 자주 언급하는 사람의 트윗을 뽑아서 읽기 위해 사용한다. 일정 시간이 지나고 나서도 별도로 읽어 내려갈 수 있고, 스마트폰 어플에서도 제공되고 있으므로 쉽게 관리할 수 있다.

- 트위터에서 왕성하게 활동하고 있는 분들

  http://twitter.com/#/list/hongss/twitter-expert

- 기업 트위터로 활동하고 있는 분들

  http://twitter.com/#/list/hongss/business

- 작가와 기자들

  http://twitter.com/#/list/hongss/writer-journalist

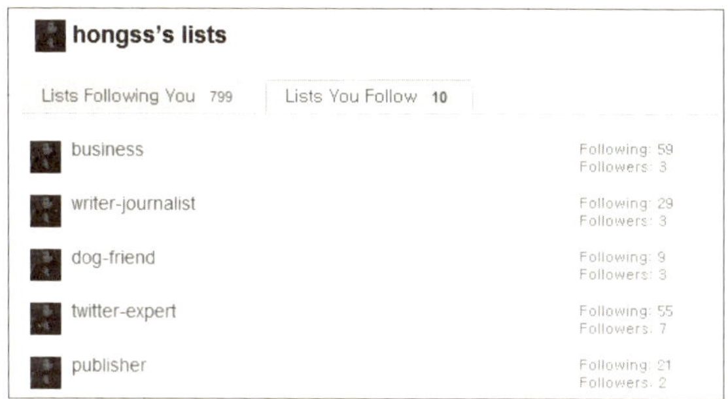

트위터 리스트 관리 화면

3) 별도의 클라이언트

트위터를 웹페이지를 사용해서 운영하기에는 미흡한 부분이 많기 때문에 별도의 클라이언트 하나쯤은 사용하는 것이 좋다.

트위터 유저들이 많이 사용하는 것은 트윗덱(Tweet-deck)과 시스믹(Seesmic)이다. 만약 앞에서 언급한 '리스트' 기능을 활용한 클라이언트를 찾는다면 믹세로(Mixero)가 적당하다(7장 'PC용 트위터 어플' 참조).

4) 트위터 홈페이지에서 제공하는 사이드바 기능

- 멘션(Mention)

  나를 언급한 글 보기 기능. 답변을 포함해서 나의 아
  이디가 들어간 내용을 모두 보여 준다. 트위터 타임라
  인을 보기 전에 먼저 살펴보고 나와 관련된 트윗에 대
  해서는 답변을 꼭 해 주는 것이 좋다.

- 즐겨찾기(Favorites)

  타임라인을 읽다가 특정 트윗 메시지를 따로 저장을
  해 둘 수 있는 기능이다.

- 리트윗(Retweet)한 내용 보기

  다른 사용자나 내가 리트윗한 내용을 모두 볼 수 있는
  기능이다. 단, 리트윗 기능을 사용해야만 제공된다.

- 검색하기

  한글 정보를 검색하려면 twtkr(http://twtkr.com/)을 활
  용하는 것도 좋다.

- 리스트 만들기/리스트 보기

  특정 사용자들을 따로 리스트로 만들어 관리할 수 있
  는 기능이다.

트위터의 진정한 힘은
리트윗에서 나온다

강력한 전파력을 지닌 리트윗

리트윗(RT)은 타임라인에 올라온 메시지 중에 좋은 내용, 유용한 정보, 꼭 알려야 할 정보를 같은 내용으로 팔로어들에게 전달하는 기능이다.

많은 사용자가 실시간으로 같은 내용을 리트윗하면 나를 팔로하지 않는 사용자에게까지 메시지가 전달되기 때문에 매우 강력한 전파력을 갖는다.

따라서 리트윗 기능은 메시지를 알리는 데 아주 유용하고 팔로어 수를 늘리는 데에도 도움을 준다. 그렇다고 너무 남발하면 오히려 신뢰를 잃을 수도 있다.

참고로 리트윗 기능은 두 군데에서 따로 확인할 수 있다. '멘션'과 트위터 홈페이지 사이드바에 있는 '리트윗'

기능은 각각 다른 내용이 제공되니 아래 내용을 참고 삼아 유념해 사용하기 바란다.

홈페이지 사이드바에 있는 리트윗은 흔히 '자동 리트윗'이라고 불리며, 최초로 올린 사람의 트윗이 그대로 전달된다. 자동으로 리트윗하는 경우, 같은 내용을 여러 명이 리트윗하더라도 팔로어의 타임라인에는 단 한 번만 보이도록 되어 있다.

수동으로 직접 하는 리트윗은 '원본 내용 전달+사용자의 첨언'이 되는 형태이며, 다른 팔로어의 타임라인에 모두 뜨게 된다.

두 가지 리트윗의 기능 차이

리트윗(RT)에는 홈페이지에서 제공하는 자동 리트윗 기능과 트위터 기능에 없었을 때부터 사용하던 수동 리트윗 기능이 있다.

자동 리트윗 기능은 지금 이 시간에 실시간 리트윗한 내용은 무엇인지, 내가 리트윗한 내용을 누가 리트윗을 하는지, 내가 제공한 트윗을 누가 리트윗하는지 각각 구분해서 리트윗 정보를 폭넓게 제공한다.

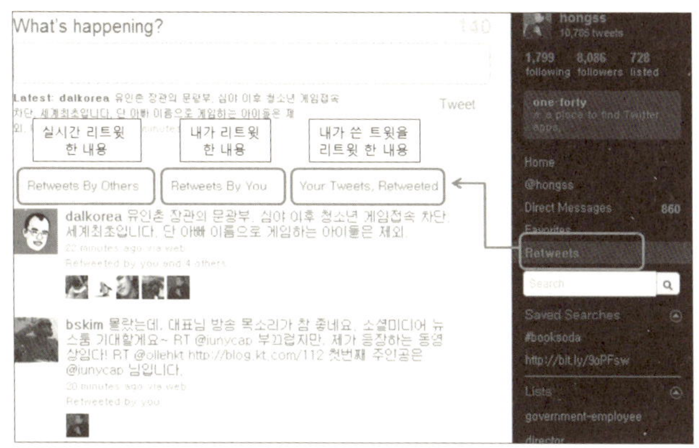

트위터 홈페이지에서 제공하는 리트윗 기능 이해하기

- 트위터 홈페이지 사이드바 리트윗 기능

http://twitter.com/#retweets_by_others

트위터에서 제공하지 않았을 때부터 사용했던 수동 리트윗 기능은 지금도 많이 사용되며 클라이언트 어플에서도 제공되고 있다. 이때 리트윗한 내용은 모두 멘션 쪽으로 쌓이게 된다. 이렇게 사용하는 리트윗은 종종 '인용(Quota message)'으로 불리기도 한다.

기존에 사용했던 수동 리트윗 화면

실시간 측정되는 리트윗 랭크 순위 – http://www.retweetrank.com

리트윗의 단점 및 주의 사항

리트윗의 힘이 무섭다는 것은 짧은 시간 안에 기하급수적으로 빠르게 전달하여 연쇄 효과를 일으킬 수 있기 때문이다. 이런 폭발적인 힘을 잘 사용하면 긍정적인 영향을 미칠 수도 있지만, 잘못 사용하면 매우 커다란 문제를 일으킬 수 있다는 것이 이 기능의 단점이다.

그러므로 팔로어 수가 많은 사용자의 경우, 리트윗을 남발하는 것이 결코 옳다고 볼 수 없으며, 책임감을 갖고 진행해야만 한다.

매력적인 트윗 작성법

관심을 끄는 트윗 메시지

트위터는 사람들의 관심을 끄는 트윗 메시지에 대해서는 빠른 소통 채널을 활용할 수 있는 장점을 갖고 있다.

이런 트위터의 장점을 잘 살려 운영하면 업무와 관련된 주제를 갖고 토론에 활용해 업무 능률을 올리는 것도 가능하고, 전문 분야에 대해 꾸준히 소통하여 전문가로 인정받거나 개인 브랜드를 강화하는 효과를 거둘 수도 있다.

그러므로 자신의 필요에 따라 트위터 활용을 고려해 보자. 그럼 사람들의 관심을 끄는 트윗 메시지는 어떤 걸까.

① 함께 공감할 만한 내용

예전에 여행 중에 딸아이 생일을 맞은 적이 있다. 생일

"딸아이 생일을 축하해 주세요." 라는 내용으로 보낸 사진 트윗

케이크를 앞에 두고 "딸아이 생일을 축하해 주세요."라는 글을 달아 사진 트윗으로 올렸는데, 짧은 시간 안에 리트윗이 100개가 넘었고 축복 메시지까지 받았다.

이처럼 사적인 내용이라도 생활 속에서 누구나 공감할 만한 내용의 트윗은 사람들의 관심을 끈다.

하지만 '점심 먹는 중'이나 '출근하는 중' 같은 트윗 메시지는 공감을 불러일으키지 않는다. 그 행동에 대해 어떻게 생각하는지, 또 왜 그렇게 하고 있는지 설명해 준다면 이전보다 공감은 곱절 이상 늘어날 것이다.

② 흥미를 유발하는 내용

한번은 흥미로운 아이디어를 트윗 메시지로 공개했더니 같은 생각을 했다면서 이런 어플을 만들면 좋겠다는 메시지가 50개가 넘은 적이 있다. 이때 언급된 어플은 지금 누군가 만들고 있다는 말을 들었다.

고민을 해서 얻은 아이디어지만 직접 개발할 수 없는 상황이다 보니 과연 실효성이 있는지 공유를 통해 알아보는 것도 나쁘지 않았고, 지금도 좋은 아이디어가 있으면 트위터에 먼저 알린다.

③ 주제가 있는 질문이나 토론

경험에 의하면, 자신이 알고 있는 질문이 트윗으로 올라왔을 때 사용자들은 상세히 답변을 해 준다.

"국내 트위터 생태계에서 잘못된 리트윗으로 인한 피해 사례가 있는지요?"라고 질문했더니 많은 분들이 팔로어와 리트윗의 잘못된 사례를 지적해 주어 궁금했던 점을 풀 수 있었다.

또한 업무 관련 내용이나 관심 있는 주제에 대한 내용을 올려 토론이나 정보 교환의 장으로도 활용할 수 있다.

어떤 말보다도 효과적인 사진 트윗

트위터 생태계는 매직과 같다. 한국이 아닌 일본의 이야
기를 미국에서 리트윗했고, 그걸 본 한국에서 리트윗 퍼레
이드가 발생하면서 많은 사람들이 그 사진을 보게 되었다.
트윗 메시지는 "This is 2010 Kids."였고 사진에는 3명의
아이가 모두 아이폰을 들고 노는 모습이 담겨 있었다.

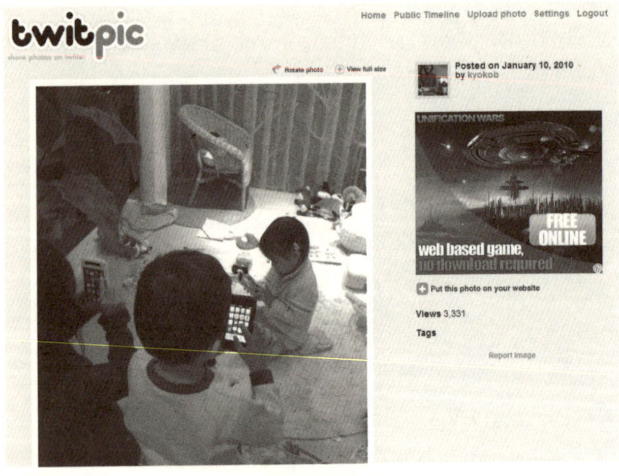

http://twitpic.com/xj2rd

국내에서도 트윗 메시지로 올라온 내용에서 기억에 남
은 것 중 하나가 '@sng2c 우리나라 핸드폰 호환성의 현실
http://twitpic.com/13egza'이었다.

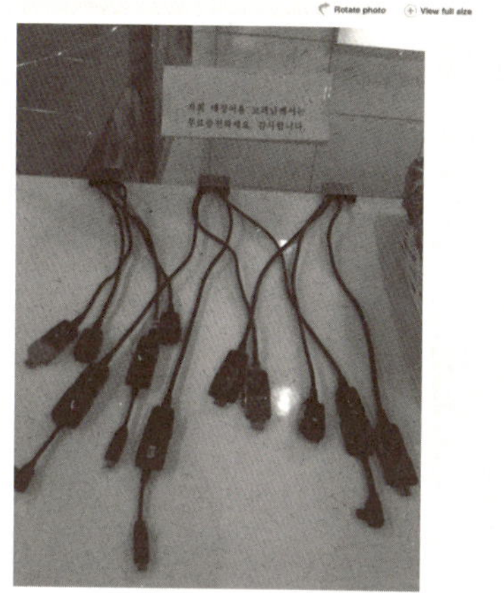

@sng2c 우리나라 핸드폰 호환성의 현실 – http://twitpic.com/13egza

휴대폰 충전을 위해 가게에서 마련해 둔 케이블이 10개가 넘는 사진은 충전 케이블마저 전혀 호환이 안 되는 우리나라 휴대폰의 현실을 단번에 보여 주었다.

이처럼 다 같이 공감할 수 있는 트윗은 더 많은 사람들에게 알려져서 언어의 장벽을 넘고 국경을 허문다.

특히 사진 트윗은 어떤 말보다 효과으로 내용을 전달할 수 있는데 스마트폰을 활용하지 않을 경우 활용도는 다소 떨어진다. 스마트폰을 통해 즉석에서 사진을 올릴 수 있다면 아주 효과적일 수 있으며 활용도도 높다.

창밖에 눈이나 비가 내리는 장면, 행사 현장, 대중 교통을 타고 이동하며 본 것 등을 사진으로 찍어서 올리려고 할 때 그때마다 컴퓨터를 켜기란 쉽지 않다.

또 음식점에서 찍은 사진을 트윗으로 올릴 때 스마트폰의 기능을 이용해 음식점 위치(위치 기반서비스, LBS)를 넣어서 제공한다면 보다 효율적인 정보가 될 것이다.

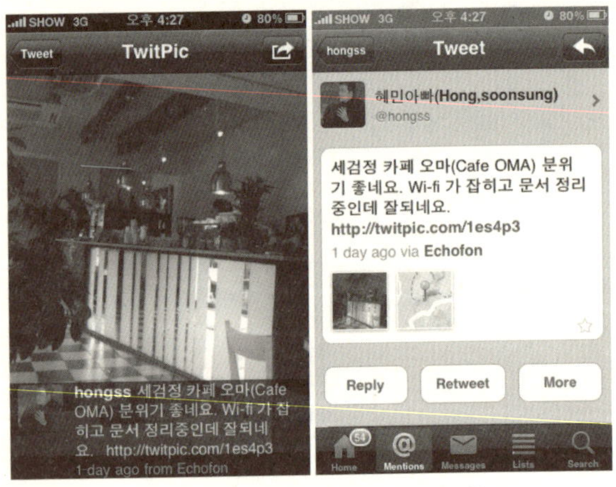

아이폰 에코폰(echofon)에서 제공한 사진 트윗

동영상 트윗 메시지 보내기

동영상 트윗 메시지를 보내는 방법도 사진 보내는 방법과 동일하다. 단 큰 용량보다는 10초 이내에 볼 수 있도록 제공하는 것이 좋다. 특히 즉석에서 현장감을 전달할 때는 스마트폰을 활용하는 것이 효과적이다.

얼마 전 서울역을 지나가다 전 대우 빌딩에 비치는 동영상을 촬영해 '밤에 볼 수 있는 서울역 앞의 서울 스퀘어(Seoul Square)'라는 제목으로 유튜브에 올린 후 트윗 메시지를 보냈다.

동영상을 본 많은 사용자들이 늘 그곳을 지나다니지만 이렇게 아름다운지 몰랐다면서 고마움을 표시했다.

필자도 너무 아름다워서 잠시 동안 지켜보다가 촬영한 건데 이렇게 또 다른 사용자들과 공감할 수 있어서 무척 행복했다.

서울역 앞에서 촬영한 내용을 유튜브로 보낸 동영상 화면

Seven Days Master Series

step 6

일상에서
얻는
트위터 효과

실시간으로
세상과 대화하기

일상에 자리 잡은 트위터

트위터는 기존의 소통 방식 체계가 바뀌는 계기가 되고 있다. 온·오프라인의 제한적인 부분에서만 가능하던 소통을 온라인과 스마트폰 또는 SMS로 제공해 주고 있으니, 이제 언제 어디서나 소통이 가능한 환경이 되었다.

뿐만 아니라 트위터는 한 곳에서 다양한 주제로 이야기할 수 있고, 그때마다 새로운 사람과 커뮤니케이션을 할 수도 있다는 매력을 갖고 있다.

결국 트위터를 통하면 일상에서 언제든지 수많은 사람들과 소통할 수 있고 그러면서 다양한 관계가 만들어진다. 또 이와 같은 소통 관계는 상대방이 국내뿐 아니라 미국, 일본, 아니 세계 어디에 있든지 가능하다.

필자에게 트위터는 항상 내 옆에 있으면서 힘들고 외로울 때 달래 주는 친구와 같다. 또한 이동하면서 스마트폰으로 현장 사진을 찍어 트윗 메시지를 보내면 마치 상대방이 옆에 있는 것처럼 편안하게 이야기를 나눌 수 있다.

그뿐인가. 얼마 전에는 지방 출장을 가다가 노트북에 장애가 생겨 어려움에 처했을 때, 관련 장면을 사진과 함께 트윗 메시지로 보냈더니 많은 분들이 위로와 도움의 메시지를 보내 주었고 해결 방법까지 제시해 주었다.

이동 중이어서 바로 해결은 못 했지만 트위터 사용자들의 위로 덕분에 한결 마음의 안정을 찾아 일을 잘 마무리

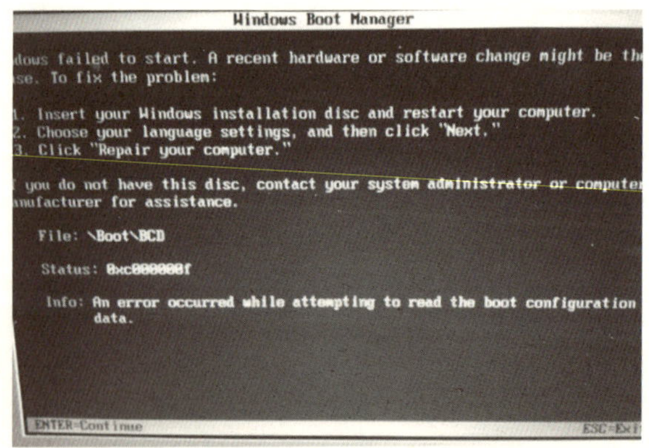

윈도가 이런 장애일 때 어찌 해야 할지 난감하군요. 광주행 열차 안에서 덕분에 업무 중단. 오늘 강의하러 가야 하는데 큰일이군요.

노트북 장애로 트위터에 메시지를 보낸 장면

지었다. 그러고 돌아와서 제공 받은 방법으로 노트북 장애를 해결할 수 있었다.

용산에서 적당한 웹캠을 구매해야 해서 문의했을 때도, 아이폰에서 적합한 기능을 찾아야 할 때도 항상 옆에서 문제점을 찾아 주었고 충고도 잊지 않았다. 많은 분들이 바로바로 도와 주었기 때문에 검색이나 지식인 서비스보다 편리했다.

실시간 트위터 방송 '트위터러의 수다'

필자가 트위터를 통해서 가장 큰 도움을 받은 것은 매주 트위터로 진행했던 '트위터러의 수다' 방송이다.

아무리 좋은 주제로 방송을 한다고 해도 시청자가 없으면 아무 소용이 없는데, 트위터에는 나만의 시청자인 바로 팔로어 여러분들이 있었다.

그랬기에 관심 있는 주제를 갖고 지난해 10월부터 방송을 시작했으며 올 2월까지 소셜 미디어 및 트위터에서 언급되었던 주제를 갖고 진행했고, 꾸준히 지켜봐 주는 애청자까지 생기게 되었다.

뿐만 아니라 매주 진행하는 트위터 방송을 위해 주제 및

트위터 방송인 '트위터러의 수다' 진행 장면

방송 원고를 작성하는 데 트위터리언분들이 도움을 주었고, 제작에까지 참여했다.

같이 방송을 진행했던 분이 하이컨셉(@hiconcep)과 쥬니캡(@junycap)이며 '트위터러의 수다' 방송은 앞으로도 흥미로운 주제와 진행 방식으로 계속 진행할 예정이다.

일상에서 얻을 수 있는 트위터의 매력

트위터에 어떤 매력이 있나 문의를 해 봤더니 많은 분들이 '일상에서 편하게 소통할 수 있다는 점'을 큰 장점으로 꼽았다.

특히 다다에(@dadae) 님은 트위터는 "임금님 귀는 당나귀 귀다~"라고 외칠 수 있는 공간이라고 한다.

트위터의 매력에 대한 리플
http://twitter.com/dadae/status/12090410147

• 다다에 님이 말하는 트위터는?

(http://dadae.tumblr.com/post/522478688)

트위터 자체가 커뮤니케이션 수단으로서 상대와 소통을 하기도 하지만, '내 생각은 이래.' 라고 각자의 의견을 말할 수 있는 것 같아요. 사람도 다양하고 의견도 다양하고, 뭐가 맞고 틀린 게 아니라 각자 자기 목소리를 내고 있는 매체라서 좋아요.

예) 새벽에 여유 있게 깨어 있는 이 시간이 너무 행복하다. 방금 너무 좋은 글을 봐서일까.

예) 최근 열광하는 구절의 공통점을 이제야 발견했습니다. =.= 소설가 박민규 씨의 글이었네요. 소설을 안 읽은 지 오래되어서 몰랐어요. 작가님, 멋지세요! 저 완전 빠졌어요!

다음의 내용은 "일상에서 얻을 수 있는 트위터 매력은 어떤 것이 있을까요?"라는 트윗 메시지를 보낸 후 제공 받은 리플을 정리한 것이다. 참여해 주신 분들께 정말 감사드린다.

- 동일한 시간대에 같이 공존하고 공감하는 내용을 주고받을 수 있어 혼자가 아니라는 것을 느끼게 한다.
- 작은 것의 소중함과 즐거움을 제공한다.
- 직장 생활을 하면서 마음 맞는 사람 만나기가 쉽지 않는데, 트윗 메시지를 통해 공감대를 형성할 수 있고 즐거운 소통을 이어 갈 수 있다.
- 관심 있는 인물에게 맘껏 좋다고 표현할 수도 있고

트윗 메시지를 통해 어떻게 생활하고 있는지도 알 수 있다.

- 정확한 정보가 매력적이다.

- 좋은 정보와 새로운 정보를 접할 수 있고 다양한 소식과 의견을 접할 수 있다.

- 학교에서 또래 아니면 과 사람들하고만 얘기하다 보니 대화의 주제가 한정되었는데, 트위터를 통해서 다양한 계층의 사람들과 즐거운 대화를 할 수 있다.

- 긴급한 정보를 전할 수 있고, 직장 생활과 가정 생활에 조언을 제공 받을 수 있다.

- 세상을 바라보는 다양한 시선을 가질 수 있었다.

- 지역이나 국가의 제한 없이 세상과 소통할 수 있다.

- 기업에서 진행하는 이벤트 덕분에 무료 쿠폰을 얻을 수 있다.

- 트위터를 통해서 그 사람의 진면목을 알 수 있다. 잠깐 만나면 알기 어렵지만 꾸준히 그 사람의 이야기를 보고 듣게 되니 진실된 모습이 보인다.

- 복잡하고 시끄러운 일상에서 잠시 마실 가는 느낌처럼 다감한 정을 담고 있다.

직장인의
협업 네트워크

노링노타이 족의 새로운 통로

트위터가 직장인들의 네트워크를 바꿔 놓고 있다. 전혀 다른 업종과 직급의 종사자들 간에 예전에는 상상도 할 수 없었던 새로운 관계를 맺고 있다.

일명 노링노타이(No-Link No-Tie) 족이라고 불리는 이들은, 학연·지연·혈연 없이도 인맥을 쌓아 가고 있다.

필자의 트위터를 통한 인맥 구성도 다양하다. 기존에는 쉽게 연결될 수 없는 다양한 인맥을 트위터로 구성하고 있는 것도 장점이지만, 오프라인 만남을 통해 새로운 비즈니스가 만들어지고 소통도 확대되고 있다.

얼마 전에는 임정욱 라이코스 대표(@estima7)가 한국에 와서 "차나 한 잔 하며 이야기하면 어떨까 싶습니다."라고

새로운 네트워크 구성

트윗 메시지를 보냈더니 250분이 참여 신청을 해서 간단한 차 한 잔이 아니라 갑작스런 행사로 바뀌는 흥미로운 상황이 벌어졌다.

행사는 트위터리언 분들이 직접 참여해서 준비했고 '번개 강연'으로 이어졌다. 번개 강연은 트위터 생방송으로도 진행되어 참여하지 못한 많은 사람들에게 제공되었고 댓글로도 뜨거운 분위기를 느낄 수 있었다.

임정욱 대표는 이날 소감을 이렇게 말했다.

"와우! 세상에 이런 일이 있을 수 있다니. 제게 벌어진

일이지만 실감이 나지 않습니다. 지난 일요일 밤 한국에 들어와서 불과 며칠 동안 트위터 번개를 둘러싸고 일어난 일은 제 평생 기억에 남을 것입니다. 그리고 제가 발표에서 계속 이야기한 것이지만 트위터를 둘러싸고 일어난 제 독특한 경험들 중 이번 트위터 번개가 최고봉(?) 에피소드가 되었습니다. 트위터를 소개할 때마다 두고두고 평생 이야기하게 될 것 같습니다."

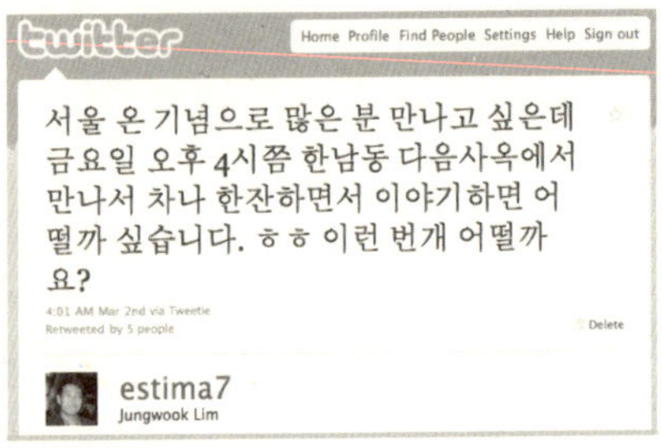

임정욱 대표(@estima7)가 트위터에 남긴 메시지 – http://bit.ly/9Fwjar

필요한 정보를 찾고 정리해 두는 도구

트위터는 필요한 정보를 찾을 수 있고 정리해 둘 수 있는 좋은 공간이다. 하루에도 엄청나게 올라오는 트윗 메시지 중에서 개인에게 적합한 정보를 정리해 두고 관리한다면 큰 도움이 될 것이다.

파워 트위터러 하이컨셉(@hiconcep) 님은 100% 트위터 만으로 자료를 수집하고, 모아 둔 자료를 갖고 글을 쓴다고 한다.

그는 대중 교통을 이용하다 보니 이동하는 시간에 트위터를 활용하면서 실시간으로 올라온 트윗 메시지와 미리 준비해 둔 트위터 '리스트' 기능을 활용해서 정리하며, 관련된 링크 정보를 나중에 활용할 수 있도록 '인스터페이퍼(Instapaper, 북마크 기능)'를 사용해서 저장해 둔다.

인스터페이퍼 웹 화면 및 아이폰 어플 화면

노트북은 글을 쓰기 위해 사용하며, 글은 인스터페이퍼에 저장해 둔 내용을 토대로 작성한다. 그는 트위터 활용 범위가 크다 보니 온라인 신문이나 종이 신문을 따로 챙겨 보지는 않는다.

특히 트위터의 리스트에는 따로 150명을 넣어 두었는데, 그 안에서 필요한 정보가 다 제공되고 있어 활용도가 매우 크며, 업무 능력을 2배로 높여 준다고 한다.

스마트폰과 트위터를 이용해 어디서나 원하는 정보를 찾아서 글을 쓸 수 있기 때문에 사람들은 하이컨셉 님을 '아바타'라고 부른다.

정보 유통 채널과 커뮤니케이션 도구

필자가 트위터를 운영하는 방식은 정보 유통 채널이다. 구글 리더(Google Reader)에 150여 개 정도의 RSS를 등록해 놓고 소셜 미디어, 디바이스, 저자 및 기자, 책 리뷰, 영화 등의 블로거와 기자 및 작가를 구독해서 보고 있다.

대중 교통 안에서 자투리 시간에 스마트폰의 '모바일 RSS(MobileRSS)' 어플을 활용해서 기사를 살펴보고 있으며, 유용한 정보는 따로 보관해 두기도 하고 트위터로도

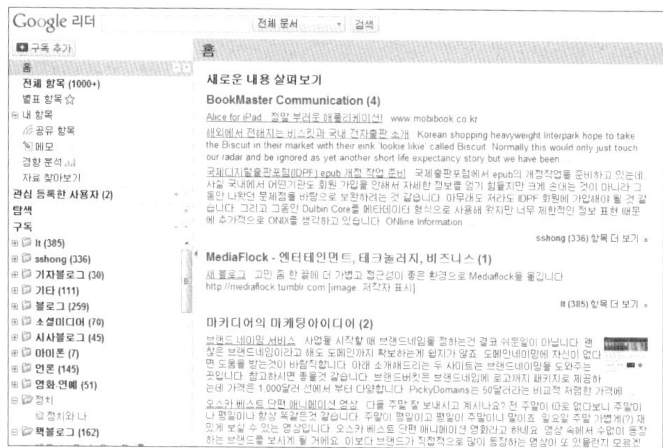

구글 리더 화면

아이폰 제공 어플 모바일 RSS 화면

소개한다.

트위터에 소개된 기사는 많은 트위터리언의 리트윗(RT)과 멘션을 통해 살이 붙고 정보가 재정리된다. 이런 선순환이 계속되어 가면서 더 깊은 지식으로 이어지게 된다.

이렇게 소개된 기사와 필자의 의견을 재정리해서 블로그와 트위터로 보내다 보니 관심 있는 독자가 더 확산되어 가고 있으며 전문적인 지식 정보를 쌓을 수 있는 좋은 도구로도 이용되고 있다.

트위터를 통해 설문 조사 하는 방법

하나의 주제에 대해 많은 사용자의 의견을 수렴하고 싶을 때가 있다. 보통은 내 의견이 맞는지 틀리는지 물어 보는 것에서부터 시작하여, 사람들의 생각에 어떤 차이가 있는지를 구체적인 숫자로 표현하고 싶을 때에는 설문 조사를 한다.

주변에서 최소 10명 정도는 물어볼 만한 사용자를 찾을 수 있지만, 100명 이상에게 실시간으로 물어보고 싶을 때에는 길거리에 나가거나 온라인으로 설문 조사를 시도해 보는 수밖에 없다.

이런 경우들은 명확한 답을 제공 받으려면 오랜 시간이 걸릴 수 있기에 활용도 면에서는 다소 떨어진다. 또한 직접 나가서 설문 조사를 했다 할지라도 이를 정리하는 데 적지 않은 시간이 소요된다.

그래서 선택하는 방법이 트위터 설문 조사이다. 필자의 경우, 개인적으로 궁금했던 내용뿐만 아니라 블로그에 글을 제공하기 위해서도 많은 설문 조사를 진행했고 좋은 답변을 얻을 수 있었다.

예를 들어 "중소기업이 트위터를 활용하면 효율적이라고 생각하는 것은?"이라는 설문을 시도하면 사용자들이 실시간 참여를 해 주어서 1~2시간 안에 필요했던 답을 제공 받을 수 있었다. 물론 설문은 며칠 동안 꾸준하게 이어졌고 비슷한 의견으로 이어졌다.

- 아이폰 구입 후 사용하면서 가장 어려웠던 부분을 하나 꼽으라면? – http://twtpoll.com/b505jx
- 처음 트위터 시작 후 지금까지 가장 어려웠던 부분을 하나 꼽으라면? – http://twtpoll.com/mgwgq3
- 2009년 한 해 트위터 주요 이슈는 어떤 것?
  – http://twtpoll.com/dzfs51

• 책 선정에 영향을 주는 곳은?

– http://twtpoll.com/ccjdmj

그 밖의 궁금한 것을 해결하고 블로그에 글을 쓰기 위해 많은 설문 조사를 진행했고, 또다시 트위터를 통해 정보 전달을 진행하면서 의미 있는 소통으로 활용했다.

트위터에서는 실시간 설문 조사를 진행할 수 있다. 진행 방법은 트윗 메시지를 남기면서 할 수 있기에 접근하기 쉽고, 다른 사람에게 빠르게 전달되므로 사용자도 별도의 로그인 없이 참여할 수 있다.

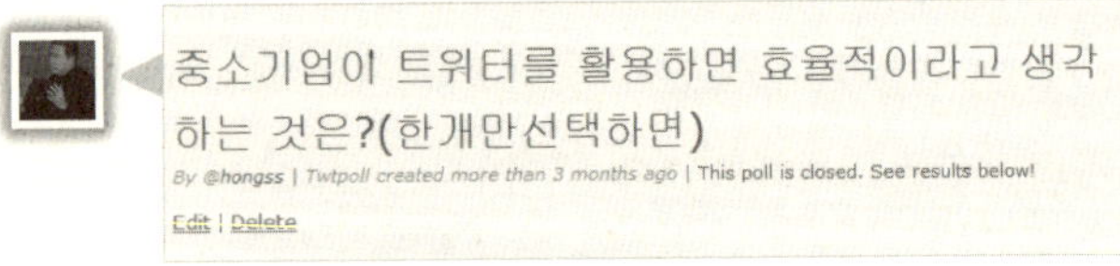

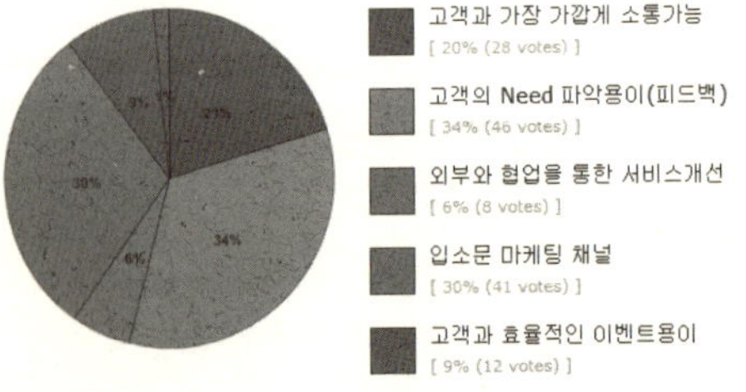

트위터 설문 조사 진행 화면 – http://twtpoll.com/mg0skz

경계해야 할 단점들

트위터는 분명히 좋은 점이 많지만 단점도 있기에 그런 부분은 주의해서 사용해야 한다. 트위터의 단점은 무엇인지 알아보자.

트위터의 단점, 개인의 운영 원칙으로 극복해라

트위터는 실시간으로 타임라인에 올라오는 글들이 큰 매력이기도 하지만 너무 많은 글이 한꺼번에 올라오면 그 내용을 따라 읽어야 하는 부담감이 크다.

또한 수많은 글 속에서 내게 필요한 정보를 적절하게 끄집어내기도 쉽지 않고, 깊은 사고를 하거나 집중하기가 어렵다는 것은 오히려 단점으로 부각되고 있다. 즉 필요한 정보가 너무 쉽게 제공되고 있다는 것이다.

필자는 대중 교통을 이용하면서 자투리 시간을 이용해서 책을 읽거나 생각을 하곤 했는데 이제 그런 시간마저 트위터를 사용하다 보니 오히려 머릿속이 복잡해져 가고 있으며 단순한 지식을 넘어 지혜를 갖추기에는 매우 부족하다.

트위터가 즐거운 소통 방식을 채택하고 있다고는 하지만 시간적인 부담이 크다. 하루에도 일정 시간을 꾸준하게 할애해야 하고 그렇지 않으면 트위터를 적절하게 활용하기가 쉽지 않다.

그러므로 개인적으로 트위터 운영 원칙을 준비해 이를 바탕으로 운영해 나가야 하며 그래야만 더 깊은 활용도 가능할 것이다.

그래서 트위터 사용자들에게 "개인적으로 트위터의 단점을 한 가지만 꼽는다면?"이라는 설문을 시도했더니 다음과 같은 답변들이 나왔다.

① 사생활 노출(스토킹) : 개인의 위치 정보와 생각, 사진까지 노출하다 보니 거의 모든 정보를 제공한다. 개개인의 적절한 수위 조절이 필요하다.

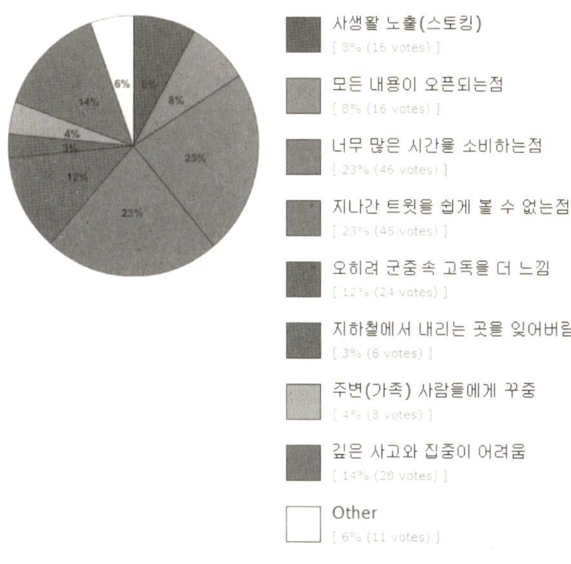

트윗폴을 통한 설문 조사 – http://twtpoll.com/r/nzts8s

② 모든 내용이 오픈 되는 점 : 다양하고 방대한 글이 제공되고 있으나 필요한 정보를 적절하게 정리해야 하는 것은 사용자의 몫이다.

③ 너무 많은 시간을 소비하는 점 : 조금씩 조금씩 트위터에 빠지다 보면 너무 많은 시간을 소비하게 된다. 적절한 시간 통제가 필요하다.

④ 지나간 트윗을 쉽게 볼 수 없는 점 : 이런 점을 보면 트위터는 불친절한 서비스다. 트윗 메시지를 찾으려

고 할 때 검색도 제대로 안 되고, 일정 수 이상이 지나면 자신의 정보조차 검색이 안 된다. 결국 필요할 때 북마크 및 즐겨찾기 기능을 이용해야 한다. 추가 백업도 외부 서비스에서 제공 받아야 한다.

⑤ 오히려 군중 속 고독을 더 느낌 : 트위터는 광장이라고 하지만 실제 트윗 메시지를 남기다 보면 아무 응답이 없는 경우가 많다. 이처럼 사용자는 많아도 관심 있는 주제로 이야기를 나누기가 더 어렵다.

⑥ 지하철에서 내리는 곳을 잊어버림 : 스마트폰으로 트위터를 하다 보면 너무 빠져들어서 내리는 역을 놓치거나 아예 다른 방향을 타게 되는 경우가 종종 있다. 많은 사용자가 겪는 일인데, 특히 운전하면서 트위터 하는 것은 조심해야 한다.

⑦ 주변(가족) 사람들에게 꾸중 : 주말에 가족과 함께 보낼 때도 트위터에 빠지다 보니 그만큼 소홀해져서 가족과의 대화 부족 문제가 발생한다.

⑧ 깊은 사고와 집중이 어려움 : 많은 사람들과 소통을 통해 다양한 시각을 접할 수 있는 장점은 있지만 대신 깊은 사고와 집중할 수 있는 시간이 상대적으로 줄어들어 따로 이런 시간을 확보할 필요가 있다.

트위터는 라디오와 같다

그 밖에 트위터에는 어떤 불편한 점들이 있을까?

가족이나 직장 상사를 팔로하고 있다면 트위터로 다양한 내용을 이야기하기 힘들다.

트위터에는 주요 용어나 기능에 대한 설명이 제대로 제공되지 않아 사용자가 쉽게 사용하기 어렵다. 특히 리스트 기능은 어떻게 만들어서 사용하는지 몰라 활용도가 떨어지고 있다.

또 모든 내용이 공개된다는 점과 보고 싶지 않은 개인의 사생활 내용까지 실시간으로 봐야 하기 때문에 오히려 짜증이 날 때도 있다.

"트위터는 라디오와 같다."라는 말이 있다. 라디오는 지나간 방송을 아쉬워하면 안 되고, 잡음이 들리면 채널을 바꾸면 되고, 때로 헛소리 하는 DJ가 나오면 채널을 돌리면 그만이다.

Seven Days Master Series

step 7

트위터
어플과
클라이언트

PC용 트위터 어플

트윗덱, 시스믹, 믹세로

트위터 가입 후 웹을 통해 사용하다 보면 다소 불편함을 느끼게 된다. 웹상에서 멘션과 수동 리트윗, 사용자 찾기(팔로), 프로필 정보 등을 보려면 여러 번의 클릭을 거쳐야 하기 때문이다.

이런 기능들을 한꺼번에 진행할 수 있는 방법은 웹 전용 클라이언트 어플을 사용하는 것인데, 전 세계의 트위터리언들이 애용하는 트윗덱(TweetDeck), 시스믹(Seesmic), 믹세로(Mixero)에 대해서 알아보자.

Rank		Client	% of users	Tweets/user
1	(1)	web	17.45 %	2.51
2	(2)	TweetDeck	10.43 %	3.38
3	(3)	Tweetie	7.82 %	2.70
4	(5)	twitterfeed	6.42 %	4.36
5	(6)	HootSuite	5.75 %	2.77
6	(4)	foursquare	4.95 %	1.28
7	(7)	Echofon	3.48 %	3.17
8	(8)	Seesmic	3.28 %	2.33
9	(9)	TweetDeck	3.01 %	5.11
10	(10)	API	2.67 %	3.98
11	(16)	txt	1.80 %	1.56
12	(21)	Facebook	1.80 %	1.11
13	(17)	FriendFeed	1.67 %	2.96
14	(15)	UberTwitter	1.54 %	2.35
15	(11)	TweetMeme	1.54 %	1.35

Twitter Clients, Apr 28, 2010

Shows Twitter client usage for all accounts tracked by @twitstat.

전 세계 트위터 클라이언트 통계 – http://twitstat.com/twitterclientusers.html

트윗덱 기능 이해하기

먼저 트윗덱은 어도비 에어(Adobe Air) 기반 어플리케이션으로, 다양한 운영 체제(윈도, 맥, 리눅스)와 아이폰/아이팟터치/아이패드를 지원하며, 리스트 기능 이외에도 그룹 생성 등이 가능하다.

강력한 기능을 갖고 있다 보니 처음 접하는 사용자는 다소 복잡하다는 느낌을 가질 수 있지만 쉽고 편리한 기능을

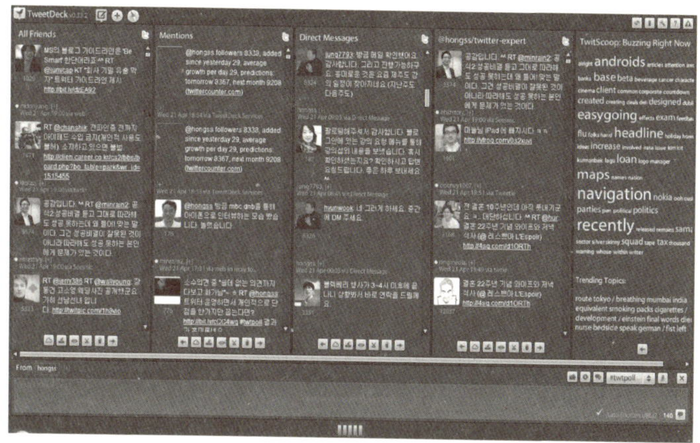

트윗덱 전체 화면(우측 2개 화면은 추가로 진행한 리스트와 TwitScoop)

찾고자 한다면 적합하다.

단점으로는 한글 검색 지원이 안 되고, 트윗 메시지가 올라오는 시간이 몇 초 느리다는 것, 커다란 모니터를 사용해야 더 적합하다는 것 등이 있다.

또한 어도비 에어 기반 프로그램이라 무겁다. 그리고 영문 기반으로 140자를 계산하기 때문에 한글로 140자를 맞춘 경우 화면에 다 표시되지 않는다.

* 트윗덱 다운로드

– http://www.tweetdeck.com/desktop/

■ 트윗덱의 주요 기능

- 사용자를 보면서 쉽게 답변, 리트윗, DM 제공 가능
- 입력 창에 긴 URL을 그냥 넣어 놓기만 해도 자동으로 URL 축소 제공
- 페이스북 계정도 등록해서 사용 가능
- 트윗덱 안에서 녹음 및 유튜브 영상을 볼 수 있음
- 트위터 멀티 계정 지원
- 사진은 드래그를 통해 업로드 가능
- 리스트 기능을 'Add Column'으로 확장 가능
- 기업 트위터 계정을 운영할 경우 컬럼을 만들어서 종합 상황실 구성(복수 모니터 활용) 가능
- 키워드를 선정해서 별도의 그룹 설정 작업이 가능하며 트윗덱 아이디를 통해 데스크톱-아이폰 등의 동기화 작업이 가능
- 트윗스쿱(TwitScoop)을 확장할 수 있어서 이슈가 되는 키워드를 챙길 수 있고 클릭해서 상세히 볼 수 있음
- URL 변환 서비스를 선택 가능(bit.ly, is.gd 등)
- 이미지 업로드할 서비스 선택 가능(twitpic, ysfrog 등)

트윗덱 메뉴 기능

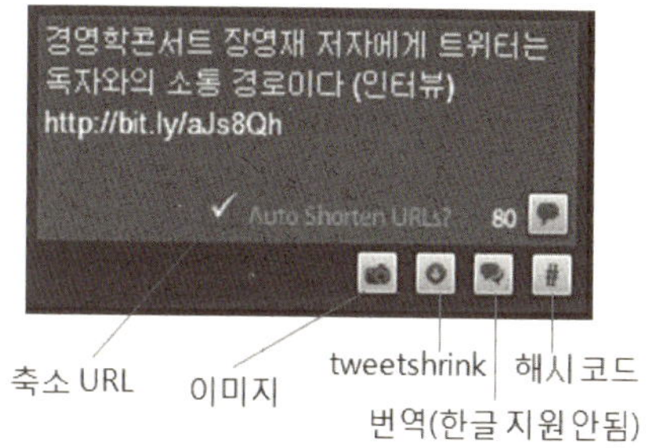

트윗덱 입력 기능

시스믹 기능 이해하기

시스믹(http://seesmic.com)은 웹과 데스크톱(윈도, 애플, 리눅스), 모바일(블랙베리, 안드로이드)을 지원하고 있어서, 하나에 익숙해지면 다른 버전도 익숙하게 쓸 수 있으며 편리한 인터페이스를 제공한다.

특히 따로 리스트 설정을 통해 볼 수 있는 기능뿐 아니라 별도 그룹 설정 기능을 통해 이슈(키워드)별 내용을 컬

시스믹 전체 화면

시스믹 메뉴 기능

시스믹 입력 창

step 7. 트위터 어플과 클라이언트

럼에 추가해 한 화면에 볼 수 있는 장점이 있다. 단점은 역시 어도비 에어 기반에서 운영하다 보니 무겁다는 것이다.

■ 시스믹의 주요 기능
- 트위터 계정으로 로그인 제공
- 사용자를 보면서 쉽게 답변, 리트윗, DM 제공 가능
- 멀티 계정을 지원하며 계정별 탭을 선택해서 따로 화면 구성 가능
- 업데이트된 내용을 자동 리프레시하는 기능 제공
- 마우스를 사용해 컬럼을 원하는 위치로 이동해서 볼 수 있음

믹세로 기능 이해하기

믹세로(Mixero)는 어도비 에어 형태로 별도 설치되는 클라이언트인데 메뉴와 도움말을 한글로 지원해 준다.

트위터와 페이스북에 동시 포스팅이 되며, 간편하게 팔로한 사람들을 그룹 관리 및 검색하는 기능을 갖고 있다.

채널을 통해서는 내가 원하는 대화와 키워드를 찾아서 확인할 수 있다. 아쉬운 점은 지나간 트윗을 'more' 버튼 등을 이용해서 추가로 불러들일 수 없다는 것이다.

다양한 편의를 제공하는
웹 클라이언트

twtkr 기능 이해하기

'한글판 트위터'라고 부를 정도로 잘 준비된 twtkr (http://twtkr.com) 서비스는 드림위즈에서 제공하며 트위터 홈페이지의 부족한 기능을 한국 유저들에게 채워 준다.

자주 사용하는 기능 중에 답변을 진행할 때 상위로 올라가야 하는 것을 글 바로 아래에서 제공하며, 수동 리트윗을 사용할 때 번거로움을 해결해 준다.

특히 영문으로 된 트위터 홈페이지의 용어 및 사용 방법을 한글로 서비스하고 있어서 처음 시작하는 사용자에게 적합하다. 그 밖에 클라이언트 어플리케이션에서만 제공하던 많은 기능을 한국형 웹으로 제공하므로 많은 국내 사용자들이 애용하고 있다.

twtkr 홈페이지 메인 화면

특히 일반 트위터에서는 140자 이내로 문자 수가 제한되어 있지만, twtkr은 140자 이상의 긴 글 쓰기를 지원하고 있으므로 140자 제한으로 때문에 두 번 이상의 트위팅을 해야 할 필요가 없다. 단, 140자 이상을 사용하려면 설정 메뉴에서 선택을 해 주어야 한다.

이 기능은 반대로 이야기하면 일반 트위터 사용자들은 글을 한 번에 다 읽지 못한다는 의미이므로 사용 시 주의해야 한다.

twtkr 로그인은 웹사이트에서 가입을 통해 사용하는 방법과 트위터 OAuth(Open Authorization)를 이용하는 방법이 있다.

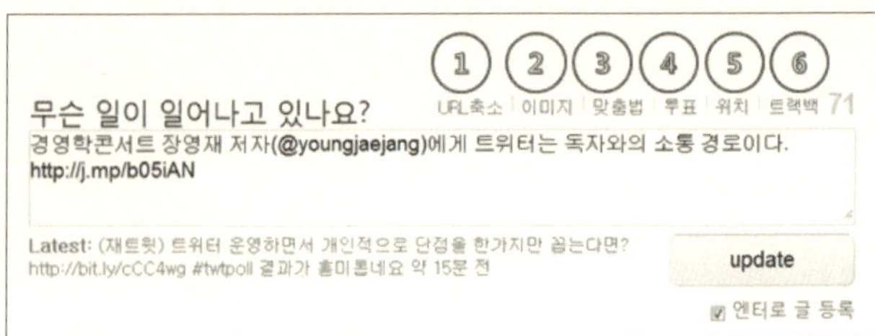

twtkr 화면의 입력 창

■ twtkr 사용 설명(홈페이지 도움말 참조)

① URL 축소 : 웹 URL 정보를 입력 창에 넣어서 트윗 메
시지를 보낼 때 사용하며, 긴 URL 정보를 짧게 축소
시켜 준다. 입력 후 버튼을 누르면 짧게 변환된다.

② 이미지 : 트윗 메시지에 그림을 첨부할 때 사용하며,
사용 전에 이미지 서비스 업체(twitpic 등)을 선택 후
사용한다. 이미지 파일 선택 후 사용하면 되며, 이미
지 URL 주소가 나타나면 최종적으로 업데이트하면
된다.

③ 맞춤법 : 입력 창에 써 넣은 글의 맞춤법과 문법이 옳
은지 알아보는 기능. 글을 입력한 후 버튼을 누르면
한국어 맞춤법/문법 검사기가 실행된다.

④ 투표(설문 조사) : 트위터 사용자 대상 설문 조사를 진
행할 수 있는 기능. 버튼 클릭 후 투표 형태를 선택한

후 투표 제목 및 항목을 입력하고 진행하면 된다.

⑤ 위치 : 일반적으로 스마트폰 같은 경우는 위치 정보를 자동으로 입력할 수 있는데 컴퓨터 같은 경우는 '위치' 버튼을 클릭한 후 지도 창에서 선택해 넣을 수 있다.

⑥ 트랙백 : 트윗 메시지를 보낼 때 블로그에 트랙백 기능을 지원하는 것으로, 이런 작업을 원할 경우 진행할 수 있다.

■ twtkr의 편리한 기능

• 한글 검색 기능이 뛰어나다.

• 웹 화면을 통해 URL 축소 및 이미지 업로드를 할 수 있다.

• 맞춤법 기능은 오타를 줄여 준다.

• 위치 정보를 넣을 수 있다.

• 내 주변 트윗 기능이 있어 어떤 사용자가 트윗을 하는 지 알 수 있다.

• 관심 인물을 20명까지 등록해서 사용할 수 있다.

• 사람 찾기가 쉽게 되어 있다.

• 영상 및 이미지를 웹 화면에서 미리 보기를 지원한다.

- 트윗 메시지 백업 기능을 지원한다(최근 한달).

- 번역 서비스를 제공한다.

twtkr 트윗 메시지 내용

twtkr은 트위터에서 제공되는 기본 기능 외에 추가 설정을 할 수 있는 장점이 있으며 번역 서비스도 제공된다.

또한 내 위치 주변에서 트위터 사용자가 보내는 트윗을 보여 주는 기능을 제공하는데, 내 주변의 누가 트위터 사용자인지 알 수도 있고, 어떤 내용으로 트윗 메시지가 오가고 있는지를 알 수 있어 흥미롭다.

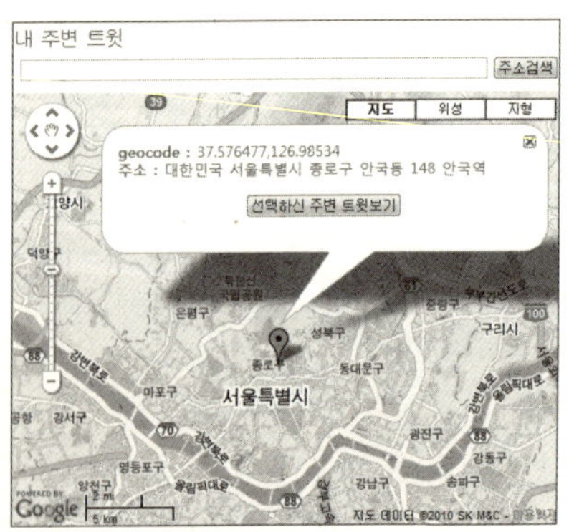

twtkr에서 내 주변 트윗

훗수트(http://hootsuite.com)는 트위터 계정이 있다고 해도 따로 가입해야 사용할 수 있어 불편함에도 불구하고 해외 사용자들에게 인기가 있다.

웹에서 사용할 수 있는 것으로 다운로드 받아 사용하는 것보다 더 유용하고 가벼워서 좋다. 컬럼을 추가적으로 생성할 수 있으며, 자주 사용하는 리스트를 만들어서 관리하면 유용하다.

훗수트는 트위터 클라이언트 사용률이 6위 정도이며, 처음에는 다소 생소한 인터페이스일 수 있지만 이해만 한다면 이것만큼 유용한 클라이언트도 없다.

일반적으로 제공되는 기능 이외에 분석 정보(Summary Statistics, 24, 7일, 1주일, 30일), 메시지 저장 및 예약 전송, 다양한 소셜 네트워크 지원 등이 장점이다.

훗수트 기능 중에 파이어폭스나 크롬에서만 플러그인을 설치해서 사용할 수 있는데 웹페이지(신문, 블로그)를 자동으로 링크 걸어 주는 기능이 있다.

* 훗수트 사용법 둘러보기

http://www.youtube.com/watch?v=NXpYVTnyCjU

훗수트 – 예약 전송 기능

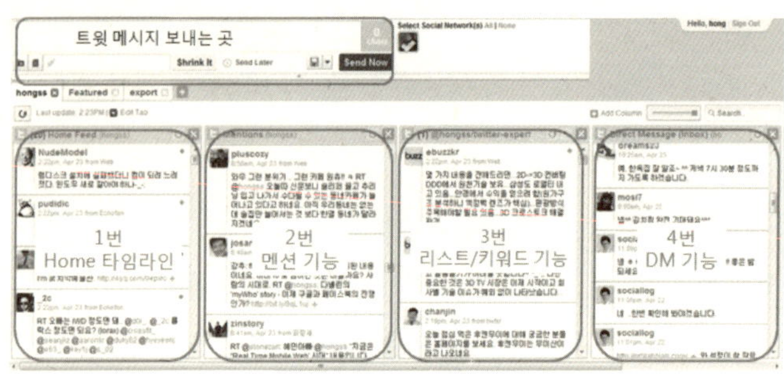

훗수트 – 전체 화면

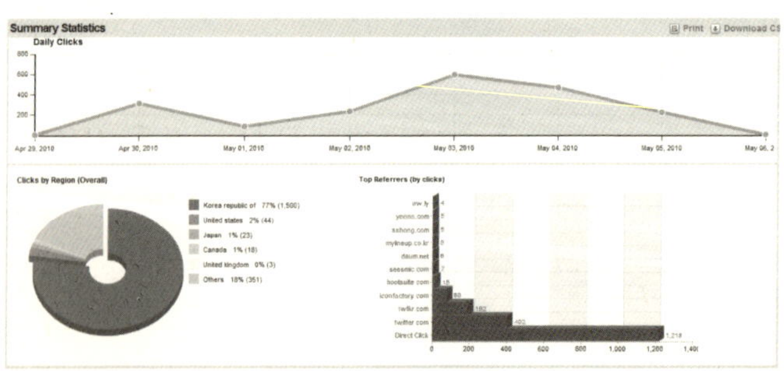

훗수트 – 분석 정보 화면

step 7. 트위터 어플과 클라이언트

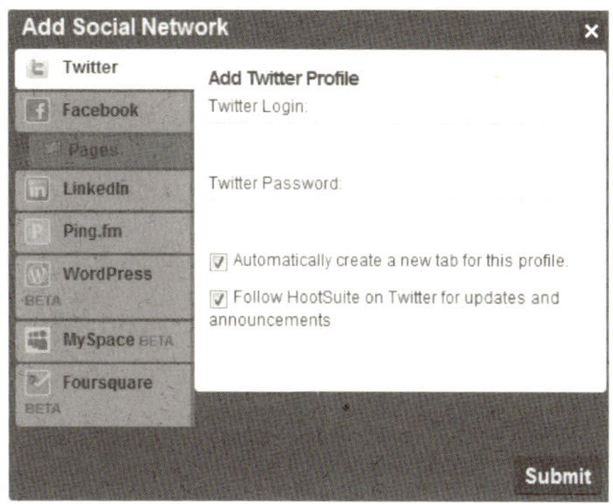

훗수트 – 다양한 소셜 네트워크 지원

그 밖의 트위터 클라이언트

■ 구글 크롬＋몽키플라이＋피비트윗

구글 크롬(Google chrome)＋몽키플라이(Momkey Fly)＋피비트윗(PbTweets) 삼총사라고 하는 것이 있다. 이것은 트위터 홈페이지의 CSS 및 .js 파일을 브라우저에 설치해서 별도의 어플 없이 편하게 쓸 수 있다는 것이 장점이다. 브라우저 지원은 IE, 크롬, 파이어폭스 등에서 가능하다.

* 설치 방법 및 다운로드

http://web.me.com/t_trace/pbtweet.html

코트윗 권한 화면

■ 코트윗

코트윗(Cotweet, http://cotweet.com)은 기업이나 단체에서 트위터를 운영할 때 적합한 서비스이다.

팀원들에게 권한(쓰기 및 읽기)을 제공할 수도 있고, 고객 지원(CS)을 담당해야 하고, 있다면 내부 사용자 중에 전문가에게 이메일로 요청하여 제공 받고 전달할 수 있도록 설계되어 있다.

이런 경우 트위터로는 제공되지 않으며 이런 모든 것을 코트윗 서비스 안에서 볼 수 있다. 또한 여러 명이 운영하다 보니 누가 트위터에 글을 올렸는지도 볼 수 있다.

국내 통신사 제공
트위터 어플

휴대폰에서 이메일로 사진 트윗 보내기

사진 트윗을 올릴 때 스마트폰을 이용할 경우 트위터 전용 어플을 사용하면 편리하다. 그러나 일반 휴대폰(피처폰) 사용자는 SMS나 이메일 같은 다른 서비스를 거쳐서 이용해야 한다. 물론 이때 통신비가 증가할 수 있다.

일반 휴대폰에서 이메일로 사진 트윗을 보내려면,
① http://spic.kr에서 트위터 아이디로 로그인한다.
② 환경 설정을 클릭하여 'hongss5000@spic.kr(사용자 별로 다름)' 보낼 트위터 계정을 정한다.
③ 휴대폰에서 MMS 또는 이메일로 사진을 첨부해서 보내면 된다.

휴대폰으로 MMS를 이용해 트윗 보내고(왼쪽) 트위터에서 확인한 화면(오른쪽)

요즘 휴대폰 요금제 중에서 월 1,000원 정도면 무제한으로 이메일을 확인할 수 있는 요금제도 등장하고 있다.

이런 요금제를 선택하면 별도의 추가 비용을 지불하지 않고 사용할 수 있겠지만 그렇지 않으면 비용에 주의해야 한다. 다음은 국내 통신사별로 제공하고 있는 트위터 서비스 이용 방법이다.

■ SKT 트위터 서비스

• 방법 : tweeting 서비스 가입 후 **1234＋NATE 또는 NATE → 8. 커뮤니티 → 5. 트위팅

• 요금 : 데이터 통화료 1KB당 9.1원, 글 등록 시 SMS 20원, 텍스트／사진 MMS 30원／100원

• 참조 : http://tweeting.tworld.co.kr/tweeting.do

SKT 제공 트위팅 서비스 절차 구성도

■ KT 트위터 서비스

• 방법 : 번호 포털에 접속해서 사용.

• 요금 : 가입자에 한해 정보료/통화료 없이 무료로 트위터 사용 가능(단, 사진 트윗 보내기는 안 됨).

• 참고 자료 : http://blog.kt.com/98

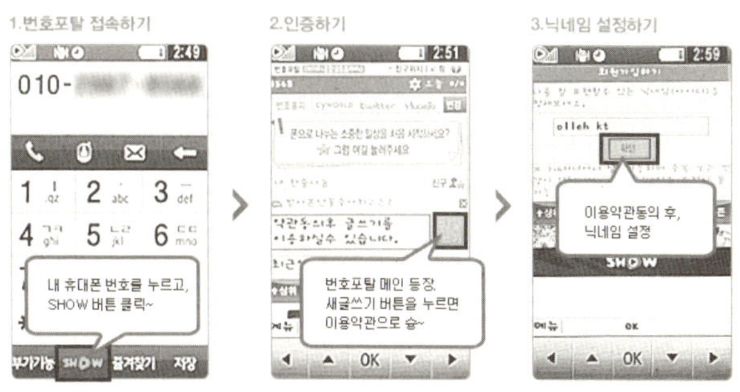

KT 모바일 포털 접속 후 인증 작업

■ LGT 트위터 서비스

오즈폰 내장 웹브라우저로 http://mobile.twitter.com에 접근해서 사용하거나 오즈 트윗으로 사용 가능하다.

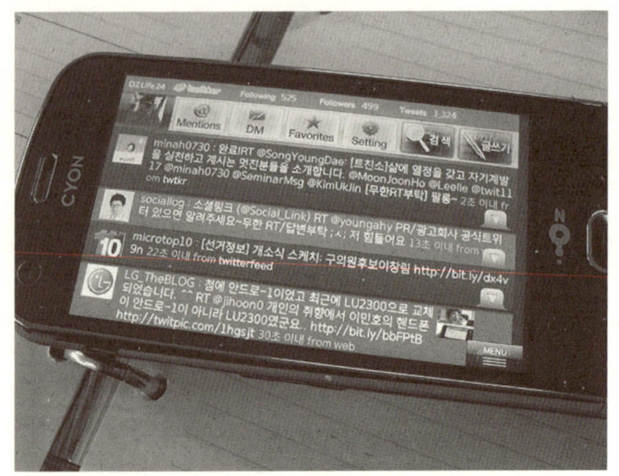

LGT 제공 오즈 트위터 서비스

LGT 단말기의 경우 모바일 웹페이지인 오즈 라이프 (http://browser.lgtelecom.com)의 '마이 라이프'에 포함되어 있는 트위터 메뉴를 사용할 수 있다.

최초 트위터 API를 통해 인증을 거치면 이후 별도의 인증 과정 없이 바로 사용 중인 트위터 페이지로 접속된다.

'오즈 트위터'라 불리는 이 기능은 웹페이지 형태로 제공되고 있다.

　스마트폰의 트위터 어플리케이션처럼 최적화된 환경을 제공해 주는 것은 아니지만 그래도 일반 휴대폰에서는 제법 쾌적한 환경이라 할 수 있고, 타임라인을 확인하거나 기본 기능(리플, 리트윗, DM 등)을 이용하는 데에는 큰 어려움이 없다.

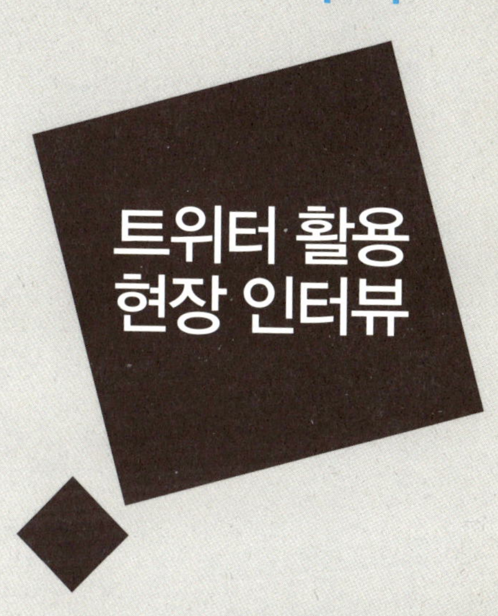

대한민국에서 내로라하는 트위터 파워유저들에게
'업무와 생활에서 트위터를 어떻게 활용하는지' 서면 인터뷰를 진행했다.
트위터 창을 열어 봤다면 누구나 공감할 만한 이야기,
야심 만만하게 트위터 고수에 도전하겠다면 누구나 들어 둘 만한 이야기,
알짜 정보를 꼭꼭 채워서 보내온 답변들을 모아 보았다.

'학주니닷컴' 운영자 이학준 님

■ 블로그/웹사이트
http://poem23.com

■ 트위터 아이디
@poem23

업무상 또는 개인적으로 트위터를 어떻게 활용하고 있나?

현재 업무에 트위터를 이용하고 있지 않다. 업무 성격상 트위터뿐 아니라 페이스북과 같은 SNS에 연계해서 할 수 있는 일이 아닌지라 특별히 정보를 얻으려 할 때 외에는 트위터를 활용하지 않는다.

개인적으로는 블로거로서 현재 운영중인 '학주니닷컴'에 대한 글을 소개하는 용도로 먼저 사용한다. 그리고 신변잡기성 트윗을 올린다든지, 팔로잉된 지인들의 트윗 중에서 재미난 내용이 있으면 리플이나 리트윗을 보낸다.

트위터가 정보 유통 채널로서 활용도가 뛰어나기 때문에 블로그의 포스트를 알리는 수단으로 더 많이 이용하고 있으며, 그 이외에는 주변 지인들의 현재 상황이나 흥밋거리를 같이 공유하는 용도로 쓰고 있다.

PC에서는 주로 웹용 시스믹을 사용하며, 현재 스마트폰인 넥서스원으로는 트위카(twicca), 안드로이드용 시스믹 등의 어플리케이션을 사용하고 있다.

트위터를 통해 정보를 수집하는 경우 어떻게 활용하는지?

해외 뉴스 채널(테크크런치, 인가제트 등)을 따로 리스트(lists)로 관리하여 주로 그들이 쏟아 내는 뉴스 트윗을 참고한다.

또한 다른 사용자가 소개해 주는 해외 뉴스나 국내 뉴스에 관련된 트윗들도 타임라인에 보이는 부분에 한하여(모두를 다 체크할 수 없기 때문에) 괜찮은 내용이다 싶으면 즐겨찾기를 해 두고 시간 날 때 내용을 살펴본다.

대부분의 뉴스는 보통 RSS 리더에 구독된 정보들을 이용하나, 트위터를 쓰면서 눈에 띄는 정보들은 그때그때 북마크 해 둔다.

보통 출퇴근 시간에 트윗을 많이 이용하기 때문에 스마트폰을 통해서 트위팅을 하며, 어플리케이션에서 제공하는 즐겨찾기 기능을 사용한다. 그리고 집이나 회사에서 트위터 웹을 통해 확인하는 방식을 많이 취한다.

앞으로 트위터 활용에 어떤 변화가 올 것으로 예상하나?

트위터의 경우 검색이나 뉴스 사이트에서 정보를 찾는 방법보다 더 빨리 정보를 취득할 수 있는 장점이 있다. 또한 내가 뉴스 제공자가 되는 경우에는 기존의 뉴스 유통 방법보다 더 빠른 확산을 시도할 수도 있다. 또한 트위터의 팔로잉으로 연결된 사용자들은 서로 신뢰하는 경우가 많기 때문에 해당 정보의 신뢰성이 검색 등을 통해서 얻는 정보의 신뢰성보다 높다는 장점을 갖고 있다.

그렇기 때문에 구글과 같은 검색 엔진을 활용한다든지 하는 기존 방법보다 훨씬 효과적으로 정보를 확산시킬 수 있다는 것이 장점이 될 듯하다. 트위터가 미래의 뉴스, 정보 유통 채널이 될 것이라고 많은 분들이 말한다. 나 역시 그 부분에 동감한다.

기존 검색을 통한, 혹은 메타블로그 사이트나 포털 서비스를 통한 뉴스 유통보다 더 많이 쓰일 것이며, 확산 속도만큼이나 실시간 정보 전달 속도 역시 높아질 것이라 보여지기 때문에 속보성 뉴스, 정보들은 트위터를 통해서 먼저 확산된 뒤 그것들을 정리하는 뉴스들이 나중에 포털 서비스 등을 통해서 나오는 정보 유통 채널이 확립되지 않을까 하는 생각이 든다.

『모두가 광장에 모이다』 저자 송인혁 님

■ 블로그/웹사이트
LILY Love & Inspiration(http://lifeislove.kr/LILY/)
■ 트위터 아이디
@ih5

업무상 또는 개인적으로 트위터를 어떻게 활용하고 있나?

나의 공식적인 임무 중의 하나는 에반젤리스트가 되었다. 무슨 말이냐 하면, 이제 우리 사업부의 이야기들을 외부에 적극 공개한다(물론 비밀 빼고). 그리고 이슈나 궁금증들은 적극적으로 트위터에 물어서 피드백을 구한다. 이미 트위터는 업무의 중요한 부분을 차지하고 있다.

실제 이슈가 있을 때마다 트위터를 통해 질문하거나, 번개를 요청해서 온·오프 라인으로 토론을 한다. 특히 같은 회사 내 트위터리언들과는 mavenX라는 정체 불명 맘대로 모임이 조직되었는데, 이들끼리 트위터로, 그룹 메일로, 직접 만나서 주고받는 이야기는 상당한 수준이었다.

다양한 분야의 다양한 관심사를 가진 사람들이 쉽게 어울리다 보니 시너지 효과가 일어나고 이렇게 만들어진 자료나 의견들은 임원들도 진지하게 받아들이고 있다.

업무의 공간적, 물리적 제약이 점점 허물어져 가고 있다. 대기업이 의외로 여기에 적극적이라는 점이 흥미롭다.

트위터를 통해 정보를 수집하는 경우 어떻게 활용하는지?

일상적으로 정보를 수집하는 수준에 이르렀다. 나의 업무와 관련된 이야기를 많이 하는 파워 트위터러들을 리스트로 관리하고 있는데, 이분들의 이야기가 워낙 매체보다도 빠르고 여러 각도에서 분석을 하고 있다(매셔블, 테크크런치 등). 이 내용들을 취합하고 정리해서 보고용, 기획용으로 많이 활용한다.

예를 들어 아이패드 출시 소식과 관련해서도, 키노트 발표가 있던 시점에서부터 실시간으로 이것이 가지는 의미를 트위터 사용자들과 함께 분석할 수 있었고, 구글 다큐멘트로 함께 문서를 작성하여 다음날 출근할 때 바로 보고할 수 있었다.

보통 언론 매체를 통해서 접하는 소식의 대부분은 하드웨어 스펙과 제품의 기능적인 측면이었는데, 트위터 사용자들은 아이패드가 어떤 분야를 잠식해 들어갈 것인지, 어떤 분야를 개척할 것인지, 경쟁사들과 어떤 부분에서 충돌이 벌어질 것인지를 저마다 자신의 필드 경험을 바탕으로 분석해 주었다.

소니에 의한 구글 TV나, 안드로이드를 필두로 하는 비가전 영역에서의 가전 시장 진출에 대한 분석도 마찬가지였다. 이는 분명히 회사가 전략을 세우는 데 직간접적으로 도움을 주고 있다고 생각한다.

앞으로 트위터 활용에 어떤 변화가 올 것으로 예상하나?

구글 그룹스나, 구글 닥스를 사용해서 문서를 작성하고 이슈를 정리하는 것이 일반화되고 있다. 즉 협업 문화가 싹트는 듯하고 점점 많은 곳에서 참여하고 있다.

부서 내에서만 공유하는 것들이 훨씬 쉽게 주위로 전파되고, 적극적으로 의견이 개진되는 분위기가 참 좋아 보인다. 소통의 도구로, 그리고 업무 시너지 도구로 트위터와 협업 툴이 환영 받고 있는 분위기이다. 물론 보안을 앞세워 반대하는 사람도 있긴 하다.

'포스퀘어' 자료를 가장 많이 소개하는 현웅재 님

■ 블로그/웹사이트
http://webplantip.com

■ 트위터 아이디
@hyunwungjae

업무상 또는 개인적으로 트위터를 어떻게 활용하고 있나?

소셜 웹을 업무에 활용하면 여러모로 비용과 시간이 절약된다. 특히 트위터는 웹 트렌드 정보 수집이 용이하고 관련 이슈와 서비스를 자연스럽게 엮을 수 있는 아이디어 창고이다. 트위터를 많이 사용하다 보니 자연스럽게 아이디 전환이나 통계부터 작게는 URL 줄이기, 사진 업로드 등 여러 가지 기능들을 다룰 수밖에 없는데, PC에서 사용하기 가장 좋은 툴은 훗수트(Hootsuite)가 아닌가 한다.

훗수트는 트위터 멀티 아이디 관리, 페이스북, 포스퀘어 연동 등 장점이 많은데, 웹에서 구동되므로 어느 PC에 가서도 일을 할 수 있다는 것이 가장 매력적인 점이다(사용 방법 http://www.webplantip.com/353). 또 현재 나온 통계 관련 툴로는 트위터 애널라이저(http://twitteranalyzer.com)

가 최고인 것 같다.

스마트폰에서는 파랑새와 트윗버드 프로(TwitBird Pro), 포스퀘어, 킥볼(kickball) 등을 상황에 따라 사용하고 있다. 원래는 파랑새를 많이 사용했는데 요즘은 업그레이된 트윗버드를 더 많이 사용하는 편이다. 위치 관련 트윗에는 포스퀘어, 킥볼 등을 활용한다(스마트폰 어플 간단 비교 참고 http://www.webplantip.com/449).

요즘 들어 내가 웹 서비스 기획 일을 하지 않았다면 어땠을까를 생각해 본다. 지금 이렇게 소셜 웹에서 살고 있는 것이 마냥 재미있기만 하다.

트위터를 통해 정보를 수집하는 경우 어떻게 활용하는지?

내가 유명인이 아니기 때문에 어떤 설문조사(트윗폴)나 이슈를 만들어 내는 것이 그렇게 쉽지 않다. 그래서 트위터의 리스트 기능을 잘 활용하는 편이다.

특히 트위터 활동을 하면서 만난 관련 전문가 분들을 열심히 쫓아다니면서 나오는 이야기들을 수집해서 즐겨찾기 기능으로 수집한다. 그리고 관련 분들과 관계를 맺어서 필요한 자료나 정보가 필요할 때 직접 요청하는 편이다. 또 테크크런치나 매셔블 같은 외국 메타블로그들의 트위터들만 리스트해서 정보를 얻기도 한다.

이런 트위터들은 거의 실시간에 가까운 정보를 접할 수 있는 장점이 있다. 영어의 장벽에 부딪힐 땐 구글 번역기를 사용하면 좋다. 지금 그 수준이 높아져서 50%는 이해할 수 있는 정도이다.

실제로 올 초에 내가 속한 커뮤니티에서 소셜 웹에 대한 트렌드를 발표할 일이 있어 트위터에 공개하고 요청했더니 많은 분들이 다양한 사례를 보내 주어서 강의가 아주 풍성했다.

앞으로 트위터 활용에 어떤 변화가 올 것으로 예상하나?

이젠 미디어의 종말이라고 봐도 무방하지 않을까 싶다. 내 친구가 주는 가장 신뢰할 만한 뉴스와 정보들이 모였을 때 그 파급력은 이전 전통적인 미디어의 힘을 압도할 것으로 예상한다.

그런 의미에서 이번 페이스북 개편 사항 중의 하나인 'Like' 기능이 그 모델이 아닌가 싶다. 십여 년 전부터 모든 서비스가 주창했던 '마이 페이지' 다른 말로 하면 개인형 맞춤 정보 서비스가 실현되지 않을까?

'드림위즈' 박순백 부사장님

■ 블로그/웹사이트
http://j.mp/90MR8R

■ 트위터 아이디
@drspark

업무상 또는 개인적으로 트위터를 어떻게 활용하고 있나?

개인적으로는 역시 친교를 위한 목적으로 사용하는 비중이 가장 크다. 오래 전부터 알고 있으나 근간에 연락이 뜸하던 많은 분들을 트위터에서 다시 만날 수 있었고, 새로이 팔로잉 관계를 통해 만나고, 친해진 분들도 많다.

다른 매체나 일반적인 사회 관계를 통해서는 결코 만날 수 없는 계층이나 연령대의 다양하면서도 독특한 인간 관계가 수립된다는 점이 놀랍다. 특히 개인적으로 취미나 관심사가 같은 분들을 트위터에서 만나 의외의 정보를 주고받는 일도 많다.

트위터용으로 사용하는 웹 어플리케이션은 초기에는 트윗덱을 사용하다가 시스믹으로 전향했고, 그 후에는 내가 일하는 회사(드림위즈)에서 twtkr 웹 클라이언트를 만들었기에 그걸 사용한다. 트위터용 스마트폰으로는 아이폰을 사용하고, 어플은 한때 심플리트윗(SimplyTweet)을 사용하다가 요즘은 우리 회사가 직접 개발한 앱인 아이폰용 twtkr을 사용한다.

원래 트위터는 우리 회사의 이찬진 사장님과 함께 취미로 하던 것이었다. 그러다 트위터가 가진 마케팅적 활용성에 눈을 뜨게 되었고, 사내 워크숍을 통해서 내가 트위터 마케팅을 강의를 맡았을 때 웹 개발팀이 트위터 API의 분석을 위하여 시험적으로 만든 프로그램이 현재 우리 나라에서 가장 많이 사용하는 클라이언트가 된 twtkr의 프로토타입이다. 워크숍 중에 그 프로토타입을 보는 순간, 우리는 그 발전 가능성을 발견했고, 그걸 회사의 주요 프로젝트 중 하나로 밀어붙인 것이다.

원래 어떤 프로젝트가 시작되면 프로젝트 매니저(PM)를 두어 제품을 기획·분석하고, 그걸 토대로 개발팀과 협의하며 제품화를 진행시킨다. 하지만 당시 나보다 트위터 경험이 더 많은 직원이 없어서 내가 PM을 담당할 수밖에 없었다. 그건 의외로 PM과 개발팀 사이에 있을 수 있는 불협화음을 없애는 효과로 작용했고 아주 짧은 시간 안에 twtkr의 비약적인 발전을 거둘 수 있었다. 우린 단순히 '지금은 뒤돌아볼 사이도 없고, 뛰면서 생각해야만 한다’는 것을 본능적으로 느끼고 행했을 뿐이다.

회사 측면에서 보면, 트위터는 우리 회사에 대한 좋은 이미지를 대외적으로 표출할 수 있는 좋은 홍보 창구였다. 우린 트위터를 통해서 외부에서 알지 못하는 내부의 좋은 모습을 보여 줄 수 있었고, 우리 회사만의 독특한 문화를 자랑할 수 있었으며, 우리에 대한 부정적인 이미지가 있을 때 그걸 불식시킬 수 있는 카운터 프로파간다까지 할 수 있었다. 실제로 우리의 트위터 홍보를 통해 우리 회사를 새롭게 인식했다는 반응을 많이 볼 수 있었고, 그런 반응에 힘입어 우리는 더 많은 긍정적인 효과를 낼 수 있는 트위터 홍보 방안을 마련하고 그걸 행하기도 했다.

우리가 얼마나 효과적으로 일하는가를 보여 주기 위해 twtkr에 대한 개선 요구가 있을 때 ‘즉시적인 대응’을 통하여 “드림위즈는 빠르게 대처한다.” “드림위즈는 고객의 요청에 대해 최선을 다한다.” “드림위즈는 뛰어난 기술력을 갖고 있다.”는 칭찬을 많이 들었다.

실제로 우리가 할 수 있는 일에는 최선을 다했고, 할 수 없는 일에 대해서는 정당한 이유를 들어 고객의 양해를 구하는 데 성공했으며, 그것으로 사용자 고객들과의 신뢰를 구축하는 데 성공했다. 우리 스스로 '드림위즈는 트위터 덕을 많이 본 회사' 라고 스스럼없이 이야기할 정도이다.

트위터를 통해 정보를 수집하는 경우 어떻게 활용하는지?

트위터는 최근 언론에 의해서 '특종 창구'로 불릴 정도로 새롭고 유니크한 정보들이 넘쳐나는 곳이며, 업계의 트렌드를 파악하는 데 있어서 보물 창고와 같은 역할을 하고 있다. 물론 수많은 정보들을 타임라인상에서 모두 따라갈 수 없기 때문에 우리는 몇 가지의 방법을 통해서 그런 정보를 수집한다.

첫 번째는 IT와 관련된 업계 인사나 유명 블로거들, 칼럼니스트들의 아이디를 리스트화해 놓고 그들의 트윗을 계속 추적하는 것이다.

두 번째는 언론의 IT 관련 뉴스를 트위터에 소개하는 분들을 찾아 그들의 리스트를 만들고, 그분들을 통해서 선별적으로 걸러진 뉴스의 경향을 분석하는 것이다. 즉 많은 IT 관련 뉴스가 있다고 해도 관련 전문가들이 어떤 뉴스에 주목하는가를 봄으로써 실제적으로 업계의 얼리어답터들이 가진 중요 뉴스에 대한 인식을 통해 IT 트렌드를 볼 수 있고, 또 그들의 의견지도력(opinion leadership)을 통하여 IT

업계 분들이나 사용자들이 이끌려 가는 방향을 볼 수 있기에 유효하다.

세 번째는 아주 당연한 것으로 우리가 관심을 갖는 키워드를 정해 놓고 그것을 트위터에서 검색한다. 물론 그 키워드의 해시 코드를 통해 관심 정보에 접근하기도 한다.

앞으로 트위터 활용에 어떤 변화가 올 것으로 예상하나?

트위터는 사용하기에 따라서 호사가의 시간 죽이기를 위한 놀이 도구나 취미 활동의 공간이 될 수도 있고, 개인의 신변잡기를 적는, 필요하긴 하지만 별로 생산적이지는 않은 매체가 될 수도 있다.

하지만 전세계의 거대하고도 다양한 트위터 사용자층을 고려하고, 그들의 트위터에 대한 긍정적인 접근을 고려한다면 이것은 사용하기에 따라 황금 알을 낳는 거위가 될 수 있음이 분명하다는 것을 느끼게 된다. 사람이 모이면 장이 서고, 그걸 기반으로 돈을 버는 사람들이 생기는 것은 당연한 일이기 때문이다.

인터넷 관련 사업의 생리에 딱 맞아떨어지는 현장인 셈이고, 이 시장은 자체 증식이나 자체 정화의 순리를 따라 계속 변화해 가기 때문에 그 생명이 길어질 것임도 분명하

다. 이미 투자금으로 꾸려 가던 트위터는 이제 수익성 창
출을 위한 노력을 하기 시작했고, 트위터에 맛을 들인 사
용자들은 다양한 시도를 할 것이며, 그게 트위터를 함께
발전시켜 온 수많은 써드 파티 개발사나 단체, 개인들에게
이익을 나눠 주거나 이익을 내도록 고무시킬 것이다.

　이런 트위터 에코 시스템의 자생적인 발전은 SNS가 가
벼운 사회적인 친교 활동의 장으로부터 그걸 훨씬 더 확대
한 또 하나의 새로운 사회를 창출하게 될 것임을 보여 주
고 있다.

　문제는 트위터 사용자가 무한정 늘어난다고 해서 장점
만 있는 것은 아니라는 것이다. 팔로잉 관계가 늘어 갈수
록 트위터리언들은 전체 타임라인을 다 읽지 못하는 문제
에 봉착하게 되고, 그래서 오히려 활용도가 떨어지는 역작
용이 나타나고 있다.

　그러므로 리스트를 다양하게 만들고 그걸 잘 활용해야
할 필요가 생기는 것이고, 기업들의 입장에서는 그런 일을
시스템적으로 해결해 줄 수 있는 코트윗이나 훗수트 같은
기업용 트위터 클라이언트 등이 필요해지는 것이기도 하
다. 어쨌건 이미 트위터를 잘 활용하는 기업이나 단체들이
많이 나타나서 트위터를 효과적인 홍보나 PR의 도구로 사

용하고 있다. 그리고 트위터 광고를 통한 직접 마케팅과 이벤트성 판매 행사도 더욱 가속화되고 있다.

이런 긍정적인 움직임은 트위터를 더욱 살찌게 할 것이고, 여기에 눈을 돌리는 보다 많은 기업들과 사용자 및 고객들을 통하여 트위터 초창기에는 꿈꿀 수 없었던 많은 새로운 현상들이 도출될 것이다. 하지만 그것은 전혀 새로운 것이 아니라 대부분 기존 현상들의 연장선에 있을 것이므로, 그걸 두려워할 필요는 없으리라 생각된다.

우리가 기존에 경험한 많은 사례들을 트위터적으로 적용하고, 그 결과를 분석하며, 그 결과를 긍정적으로 치밀하게 해석함으로써 트위터의 미래나 트위터를 활용한 발전된 SNS 행위나 기업들, 단체들, 정부 조직들의 효과적인 마케팅 방법에 대한 초석을 마련할 수 있을 것이다.

'나루' 운영자 윤여길 님

■ **블로그/웹사이트**
http://blog.naroo.net

■ **트위터 아이디**
@leopie

업무상 또는 개인적으로 트위터를 어떻게 활용하고 있나?

오프라인에서는 새로운 사람을 만나서 말을 걸기가 매우 힘들다. 그러나 트위터와 같은 SNS는 다르다. 일단 사람들이 누가 어떤 이야기를 하든 마음의 문을 열고 받아들여 누구든 친구처럼 이야기를 나눌 수 있다.

여기에서는 이야기를 하는 것도 중요하지만 이야기를 듣는 것이 더 중요하다고 생각한다. 그래서 우리 제품에 대한 의견이 나오면 될수록 많은 이야기를 나눌 수 있도록 노력하고 있다.

트위터로 부족하면 전화 통화도 하고, 그걸로도 부족하면 오프라인에서 직접 만나 술 한잔 하는 것도 가능하다. 무엇으로 만나든 무엇으로 이야길 하든 서로 마음을 열고 만나는 것이 중요하다.

트위터를 통해 정보를 수집하는 경우 어떻게 활용하는지?

트위터를 통해 신상품을 위한 색상 선호도 조사를 하기도 하고(http://leopie.tistory.com/141) 직접 우리 제품을 사용하는 분들과 많은 이야길 나누려고 노력하고 있다.

엑스밴드는 스키, 스노보드, 자전거 등 아웃도어 레저 스포츠 분야에서 많이 사용되고 있다. 레저 스포츠를 즐기는 사람들에게 엑스밴드를 보내 주고 의견을 모은다.

엑스밴드의 경우 우리가 생각하지 못한 부분에서 활용하는 사람도 있고 개선 사항에 대한 참신한 의견을 제시하는 사람도 있다. 트위터를 사용함으로써 사용자들과 좀 더 가깝게 이야기를 나눌 수 있게 되었다.

앞으로 트위터 활용에 어떤 변화가 올 것으로 예상하나?

SNS는 기업과 개인이 직접 만날 수 있는 최적의 장소가 될 것이다. 특히 소비자들의 자발적 참여로 기업들에 대한 평가가 이루어지고, 이것이 기업 전체 이미지에 큰 영향을 미칠 것으로 생각된다. 소비자를 생각하지 않고 리스크에 적극적으로 대응하지 않는 기업은 살아남기 힘들 것이며, 소비자에게 친근하게 다가서서 그들의 친구가 되는 기업에게는 새로운 기회가 열릴 거라고 본다.

■ **블로그/웹사이트**
http://bestfriends.kr/

■ **트위터 아이디**
@twit_korea

앞으로 트위터 활용에 어떤 변화가 올 것으로 예상하나?

트위터라는 커뮤니티 공간을 처음 접할 때 사람들의 인식 유형은 크게 3가지로 나눌 수 있다. 첫째 평소 생각해 오던 공간, 둘째 무언가 호기심을 던져 주는 공간, 셋째 자신이 감당하기 어려운 공간.

과정을 놓고 본다면 현재 트위터는 아직 정상 궤도에 오르지 않았고, 그만큼 트위터에 어떻게 접근하고 활용해야 할지 고민하는 사람들이 의외로 많다.

트위터를 사용해 본 사람들은 중독성이 강하다고 말한다. 실제 지난 일 년간 형성된 트위터 유저들 중에서 '트위터 중독'을 하소연하는 사람들을 만나기란 별로 어렵지 않다. 단순히 시간을 때우기 위해 호기심 차원에서 접근하는 사람들이라면 마냥 인터넷 게임에 빠져 지내는 게임 중독자 같은 처지가 될 가능성도 크다. 이처럼 사이버 커뮤니티 공간인 트위터는 사람들이 지금까지 경험해 보지 못한 강력한 흡인력을 지니고 있다.

개방형 소셜 네트워크 플랫폼 중 하나인 트위터가 다른 플랫폼들과 달리 어떤 차별화된 기능을 갖고 있기에 이처럼 사회적 이슈로 부상하고 있는지 사람들은 궁금해 한다. 아이러니컬한 부분일 수 있겠으나 트위터는 인터페이스 측면에서 눈에 띌 만큼 다른 플랫폼들보다 앞서 있다고 생각하지는 않는다. 단일 플랫폼으로 비교하자면 네이버의 미투데이, 구글의 버즈, 다음의 요즘, 싸이 미니홈피, 페이스북보다도 더 단순한 인터페이스를 갖고 있다. 그렇다면 트위터의 어떤 요소가 사람들을 이토록 열광시키는 걸까? 그리고 사람들은 왜 트위터를 해야 하는가?

트위터 한국인 사용자 수를 집계하는 오이코랩(oikolab)은 2월까지 20만 명 안팎이던 트위터 유저가 3월 이후 급격히 증가하면서 40만 명을 넘어섰다는 통계수치를 발표했다. 트위터 입문자들이 이 글을 보는 시점에는 트위터 유저가 50만~60만 명을 넘어서고 있을지도 모른다.

최근 입문하는 유저들이 인식하지 못하는 부분일 수도 있겠으나 트위터 유저 50만은 무척 의미 있는 숫자이다.

트위터 태동 초기 유저 5만 시대를 지나면서 과연 넘어설 수 있을지 한동안 상상 속에 머물던 숫자였기 때문이다. 닫혀 있는 한국 사회 구조를 열린 사회로 인도하는 희망의 숫자라고 의미를 부여하고 싶다.

개방형 소셜 네트워크는 구성원들에게 열린 공간에서 열린 사고를 하도록 요구하고 있다. 열린 공간을 지향하는 감성 파워 트위터는 미래 소셜 네트워크 사회의 새로운 패러다임을 제시할 것으로 본다. 현재 대한민국 사회는 국민의 1%밖에 되지 않는 소셜 네트워크 파워가 한국 사회의 여론을 주도해 가고 있는 모습을 보여 준다. 과거 밀실 야합으로 점철된 우리 사회가 점차 열린 사고가 지배하는 투명한 소셜 네트워크 사회로 이동 중인 것이다.

트위터에는 여러 계층의 사람들이 함께 공유할 수 있는 다양한 문화가 담겨 있다. 트위터는 구성원들이 희로애락을 함께 공유하는 공간으로 진화되어 가고 있다. 트위터는 게임 속의 상상 공간이 아닌 일상과 함께하는 공간으로 만들어 가야 한다. 개방적 마인드를 요구하고 있는 소셜 네트워크가 대중적 활성화 단계에 진입하면 한국 사회는 점진적으로 개인이 갖는 프라이버시 영역을 새롭게 정의하는 시대가 되리라 본다.

부록. 트위터 활용 현장 인터뷰

'기업호민관'의 김보균 사무관님

■ 블로그/웹사이트
http://www.homin.go.kr/

■ 트위터 아이디
@BKHomin

업무상 또는 개인적으로 트위터를 어떻게 활용하고 있나?

트위터로 열심히 트위팅을 하다 보니 조금씩 팔로어가 늘어나서, 이제는 400명이 넘었다. 초기에는 콘텐츠도 얼마 안 되다 보니 팔로어가 별로 늘지 않았는데, 대략 올린 트윗 수가 1,000개 정도 되자 계정에 대한 신뢰가 생겼는지 팔로어가 이전보다 더 쉽게 늘어나는 느낌이 들었다.

업무 관련해서는 종종 호민관님 계정이나 기업호민관실 트위터 계정으로 올라오는 소식이나 생각들을 리트윗하는 정도로 활용하고 있다. 또 한편으로는 아무래도 기업호민관실 직원이라는 신분을 바이오에 올리고 활동하다 보니, 스스로 그러한 소개 문구에 제약을 받아서 말과 행동을 조심하는 측면도 있는 것 같다.

업무를 보거나 책, 자료, 트윗 등을 읽으면서 기업 생태계와 관련된 고민이라든가 생각들을 트윗으로 날리면 종종 공감을 하거나 도와주겠다는 분들이 생겨난다. 이럴 땐 멘션이나 DM을 한참 주고받게 되는데, 공감하는 분이 있는 점에서 동기 부여도 되고, 또 새로운 정보를 통해 업무에 대한 시야도 넓어지고 현명해지는 측면이 분명 있는 것 같다.

한편 얼마 전 보안 기술 특별 강연회 공지가 행사 이틀 전에 떴음에도 불구하고, 자리가 가득 찰 정도로 흥행(?)에 성공했는데, 이건 전적으로 트위터 덕분이라고 생각한다.

트위터 사용은 처음에는 웹으로 시작했다가, 아이팟 터치에 트위터 앱을 깔아서 사용했다. 한참을 즐기다가 애플에 끌려서 맥북 화이트를 사게 되었는데, 여기서 맥용 에코폰을 깔아서 자주 사용하게 되었다. 팔로잉 수가 너무 많아서 스마트폰에서 보면 좀 답답한 느낌이 들기 때문이다. 다만 이동 중에는 옴니아에 깔린 모트윗(moTweets)을 사용한다. 종전에는 와이브로를 수신하는 KT 에그(egg)와 아이팟터치를 함께 가지고 다녔는데, 와이브로 수신이 안 되는 일이 종종 발생하면서부터는 3G 방식의 무선 통신을 선호하게 되었다.

트위터를 통해 정보를 수집하는 경우 어떻게 활용하는지?

트위터를 통해서 정보를 수집하기 위해 질문을 날리면 답이 잘 안 올라오는 경우가 많았다. 그러다 중소기업 관련해서 NDA(non disclosure agreement)에 대한 포스팅을 날리자, 어떤 트위터러분이 중소기업이 대기업과 함께 일할 때의 고충을 해결하는 한 방편으로 NDA가 필요하다는 데 공감하면서 NDA 샘플을 이메일로 보내 주어 무척 고무적이었다.

트위터를 통해 의도하지 않은 정보 수집이 이루어지는 경우도 있는데, 일본에 있는 한 마케터가 올리는 트윗이 대표적인 예이다. 시원시원하고 중소기업의 문제라든가, 일본에서 성공하기 위한 국내 벤처 기업의 자세 같은 걸 올리는 데, 보고 있으면 은근히 기업 운영과 관련된 현실주의적 태도를 배울 수 있다.

또 미국 하버드 경영대학원 교수인 로자베스 모스 캔터 교수(@RosabethKanter)의 트윗으로부터 좋은 정보를 많이 얻고 있다. (톰 피터스의 글들도 좋긴 한데, 영어 실력이 부족하다 보니 잘 이해가 안 되는 부분이 있어서 아쉽다.) 결론적으로 나는 주로 특정인의 트윗을 주시하면서 정보를 많이 입수하는 타입인 것 같다.

특정 분야의 트윗을 날리는 분들을 모아서 하나의 리스트를 만들 수도 있는데, 예를 들어 금융이나 증권 관련 트윗을 날리는 분들을 모아서 'finance'란 리스트를 만들어 봤다. 그런데, 만들고 나서 리스트에는 잘 안 들어가게 되는 문제가 있긴 하다.

다만, 내가 만든 리스트로서 가장 만족스러운 것은 한참 트위터러들을 서핑하면서 내 기준에는 맛있거나 훈훈하거나 사람 냄새 나는 글들을 쓴다고 판단되는 분들을 모아서 만든 'people'이란 리스트(www.twitter.com/BKHomin/people)이다. 이 리스트는 종종 들어가서 볼 때마다 기분이 좋아진다. 트위터 리스트를 만들 때는 정보와 더불어 재미나 기분을 정화해 주는 분들을 적절히 선별하는 게 좋은 것 같다.

리트윗 메뉴는 자주 들어간다. 팔로잉하는 사람이 500명이 넘다 보니 일일이 트윗을 보는 것이 현실적으로 불가능하여 타임라인상 가까운 시간에 날린 트윗들만 보게 된다.

그런데 'Retweets by Others'라는 메뉴에 들어가면 다른 사람들이 리트윗한 글들이 나타나는데, 여기 있는 트윗들은 트위터러들을 통해 한 번 필터링된 것이기 때문에 아

주 유용하고, 공감을 많이 받은 트윗 메시지일 가능성이
크므로 바쁠 때 자주 이용한다.

‘Your Tweets, Retweeted’는 내가 남긴 트윗 중에서
반응이 좋은 메시지를 읽으며 스스로 곱씹어 볼 수 있으므
로 자주 이용한다.

‘favstar.fm’은 아이팟터치 앱인 Twittie2에서 연동해서
제공하는 기능이라 알게 되었는데, 각각의 트위터러들이
별표(favorite) 한 트윗들을 보여 준다. 이것도 트위터러들
을 통해 한 번씩 필터링된 것을 보여 주므로 정보의 질이
한결 좋다.

앞으로 트위터 활용에는 어떤 변화가 올 것으로 예상하나?

트위터를 활용하면서 일단 편견들이 많이 약화되는 것 같
다. 남들 눈치도 좀 봐 가면서 이야기하게 되는 장점도 있
다. 아울러 비슷한 사람들끼리 서로 팔로잉을 하는 경향이
있으니, 각종 CRM 기법을 도입하지 않더라도 정보를 적
재 적소의 유저들에게 공급해 줄 수 있는 효과가 있는 것
같다.

'머니투데이 방송' 최남수 보도본부장님

■ 블로그/웹사이트
http://blog.naver.com/nschoi76

■ 트위터 아이디
@nschoi03

업무상 또는 개인적으로 트위터를 어떻게 활용하고 있나?

먼저 개인적으로 트위터는 생활의 중요한 부분이 되었다. 컴퓨터도 잘 모르고 더구나 블로그와도 담을 쌓고 살았던 내게 트위터는 소셜 미디어를 통한 소통의 가치에 대해 눈 뜨는 소중한 계기가 되었다.

이 글을 쓰는 2010년 5월 2일 오후 6시 현재 팔로어가 4,700명인데, 이분들과 사회적 이슈와 여러 가지 일상사들에 관해 대화를 나누는 것이 무척 즐겁다. 그저 옆에 항상 친구들이 있는 것처럼 어딜 가든 이분들과 대화를 나눌 수 있어서 좋다.

눈뜨면 아침 인사를 하고 잠들 때 굿나잇 인사를 할 수 있는 친구들. 낮에 일상 생활을 하면서도 내가 갖는 생각과 느낌을 알리고, 감수성이 충만할 때 올리는 단상과 140

자의 시를 공유할 수 있는 분들. 기쁠 때 같이 기뻐하고 울적할 때 위로를 해 주는 친구들. 하지만 나 또한 이분들과 대화하면서 칭찬과 격려, 위로, 친근감을 주려고 노력한다. 늘 군중 속의 고독을 느끼는 현대인들에게 트윗은 공동체성을 회복시켜 주는 소통의 장이고 나는 그 혜택을 많이 보고 있다.

특히 이전에는 도저히 알 수 없었던 다양한 직업과 배경을 가진 많은 분들과 형, 오빠, 동생으로 관계가 맺어진 친분을 갖게 되고, 자주 점심이나 저녁을 같이 하면서 그 친분을 더욱 깊게 해 가는 과정은 큰 즐거움이다. 이 밖에 블로그에 올리는 글을 공유하는 수단으로도 트위터를 활용하고 있다.

업무상 트위터를 어떻게 활용하는지는 두 번째 질문에서 자세하게 답하겠지만 미디어에서 일하는 사람으로서 유통되는 정보를 파악하고 역으로 내가 가진 정보를 공유하는 것이 주된 내용이다. 특히 내가 언론에서 일하다 보니 근무 시간 중 국내외 경제와 증권 시장, IT 등 관련 속보가 올라오면 트위터에 올려 많은 분들과 공유한다.

주로 내가 일하는 머니투데이 방송 MTN과 관계사인 머니투데이의 뉴스를 많이 올리는 편이지만 월스트리트 저널, 파이낸셜 타임스 같은 외신에서 보도된 내용도 친구분들이 관심이 가질 만한 내용이면 간략한 내용을 소개하며 트위터에서 게시한다.

웹에서는 twtkr.com과 twkr을 혼용해서 쓰고 시스믹을 병행해 사용하기도 한다. 시스믹은 여러 사용자들을 그룹으로 묶어 답장할 때 편리하고, 타임라인을 여러 가지로 나눠 표출시키면서 한꺼번에 같이 볼 수 있는 장점이 있다. 스마트폰은 아이폰을 쓰는데 심플리트윗을 주로 쓰고. 신규 팔로잉 절차가 편리한 twtkr도 병행하고 있다.

트위터를 통해 정보를 수집하는 경우 어떻게 활용하는지?

미디어에서 일하는 내게 트위터는 양호한 정보를 수집하는 창구가 되고 있음을 부인할 수 없다. 경제 방송에서 일하고 있는 관계로 무엇보다 기업인들이나 기업의 트위터 활동이 우선 눈에 들어오는 정보들이다. 가끔 트위터를 통해 취재할 만한 내용이 제보되기도 한다.

정보 획득이라는 측면에서 제가 제일 많이 활용하는 것은 외신 속보다. 파이낸셜 타임스, 월스트리스트 저널, CNBC 등은 웹보다 빨리 속보를 트위터에 올린다. 이런 정보는 시간을 다투는 속보를 다루는 미디어에 종사자인 내게 유익한 정보가 된다. 이를 바로 보도할 수도 있고 빨리 무슨 일이 일어났는지 알 수 있어 대응하는 데 도움이 되기 때문이다.

이뿐만이 아니다. 파이낸셜 타임스와 월스트리트 저널은 물론 더 이코노미스트, 타임, 블룸버그 등 유명 해외 언론의 다른 기사와 심층 분석 기사를 트위터를 통해 받아볼 수 있다. 이 밖에 경제 전문가들의 트위터 계정을 팔로하고 있고 개인적으로 관심이 있는 소셜 미디어 관련 뉴스를 보기 위해 매셔블, 소셜 미디어 투데이 등을 구독하고 있다. 다양하고 빠르고 깊이 있는 정보를 트위터를 통해 얻다 보니 사실 웹에서 뉴스 서핑하는 일은 종전에 비해 많이 줄어든 편이다.

나는 머니투데이 방송에서 아름다운 리더들의 삶의 철학과 살아온 길을 들어 보는 '더 리더'라는 주간 프로그램을 진행하고 있는데 여기에도 트위터가 활용되어 왔다.

한나라당 정두언 의원과 이노디자인 김영세 대표는 트위터를 통해 대담 출연 요청을 드렸고 두 분이 이를 허용해 대담이 이루어졌다. 안철수 카이스트 교수를 대담할 때에는 트위터 친구분들에게 질문을 공모해 이중 일부를 방송하기도 했다. 윤석금 웅진그룹 회장의 경우는 웅진그룹 홍보 관계자가 내 트윗을 보고 긍정적 평가를 한 후에야 대담이 성사되었다.

또 트위터를 통해 만나게 된 IT 전문가들과 머니투데이 방송에서 특별 대담을 진행한 경우도 있다. 평상시 알고 지내던 개발자 두 분과 통신회사에 근무하는 두 분을 모시고 스마트폰에 관한 대담 프로그램을 만들기도 했다.

앞으로 트위터 활용에는 어떤 변화가 올 것으로 예상하나?

트위터 이용자가 앞으로 계속 늘어날 것이며 개인적으로는 물론 업무적으로도 트위터가 생활에 더 깊게 파고들 것으로 보고 있다. 우선 개인적으로는 더 많은 분들과 소통하게 되기를 희망한다. 많은 분들의 의견과 생각, 감성을 접하면서 언론인으로서 세상을 보는 눈이 더욱 넓어지고 깊어지고 따뜻해지기를 바란다.

트위터는 상업적, 업무적 관계 이전에 우리 사회에 공동체적 관계를 복원시키는 순기능을 할 것으로 기대한다. 외로움을 느끼며 살아온 사람들이 같이 우물가에 한자리하고 앉은 것처럼 오순도순 자기 이야기와 세상 이야기를 나누면서 여론을 형성하는 중요한 장이 될 것이다.

업무적으로도 트위터는 많은 기업들이 자사의 활동을

알리고 고객의 의견에 귀 기울이는 중요한 창구가 될 것이다. 특히 미국의 예에서 볼 수 있듯이 전화로 응대하는 고객센터 대신 트위터가 고객의 불만 사항을 접수하고 이를 해결해 주는 창구가 될 것으로 전망한다.

스마트폰의 등장으로 24시간 언제 어디서든 트위터 이용이 가능해짐에 따라 트위터가 긴급 구난 상황 시에도 이를 빠르게 전파하는 사회적 공공 인프라로서의 기능도 수행할 것으로 본다.

아일랜드 화산재 사건 때 전화 통화가 밀려 불통 사태가 벌어지자 트위터를 통해 긴급 상황에 몰린 사람들이 구난된 것은 좋은 예이다.

다다에 최은정 님

■ 블로그/웹사이트
http://dadae.tumblr.com/

■ 트위터 아이디
@dadae

업무상 또는 개인적으로 트위터를 어떻게 활용하고 있나?

처음에는 정보를 얻기 위해 시작했다고 봐도 무방한데, 추후에는 사람과의 커뮤니티 형식으로 활용하게 되었고, 트위터를 통해 알게 된 친구들과 기존의 친구들과의 연락 수단으로도 이용하고 있다. 이렇게 트위터를 통해 알게 된 분들과의 친분으로 최근 스마트폰 관련 업계로 이직했다.

트위터를 통해 정보를 수집하는 경우 어떻게 활용하는지?

우선 모르는 게 있으면 트위터를 통해 공개적으로 물어본다. 주제는 특별한 분야로 국한되어 있지 않다.

예를 들어, 영화 관람 후 생긴 궁금증에 대해.

"영화 '셔터 아일랜드' 전반에 걸쳐 클래식 음악이 흐르더군요. 클래식 음악으로 또 다른 메시지를 계속 전하는 것 같았는데, 음악 지식 부족으로 이해하지 못했어요. 영화 속 말러의 음악이 뜻하는 바가 무엇인가요?"

또는 스마트폰 사용 중 궁금증에 대해.

"아이폰 기본 캘린더 바꾸는 설정 값에서 보면, 현재 보여지는 캘린더가 4개뿐인데, 사실 더 있거든요. 이걸 어떻게 바꿀 수 있을까요?"

이처럼 검색을 통해서도 얻을 수 없는 답을 트위터 대화를 통해서 해결한다. 물론 모든 답을 얻을 수 있는 건 아니지만 지금까지의 경험으로는 포털 사이트 검색보다 더 정확한 결과와 정보를 얻을 수 있었다.

앞으로 트위터 활용에는 어떤 변화가 올 것으로 예상하나?

개인적으로는 트위터를 시작한 이후 포털 사이트에 전혀 접속하지 않고 카페 같은 곳에도 잘 가지 않게 되었다.

좀 심하다고 할 수도 있겠지만, 뉴스나 정보 모두 트위터에서 얻는 것이 기본이다. 그 이유는 무엇보다도 트위터 사용자와 커뮤니티에 대한 신뢰가 있기 때문이라고 생각한다.

다른 분들도 나처럼 변화할지는 알 수 없지만 확실히 나는 변했다. 그리고 그 변화에 만족한다.

조코치 조병천 님

■ **블로그/웹사이트**
  http://chocoach.com

■ **트위터 아이디**
  @chocoach

업무상 또는 개인적으로 트위터를 어떻게 활용하고 있나?

주로 블랙베리 어플 위버트위터(Uber Twitter)를 틈틈이 사용하고 있다. 고정된 자리에서는 넷북을 꺼내 웹으로 사용하는데, 이전에는 시스믹 데스크톱을 사용하다가 일에 집중하기 위해 트위터 전용 프로그램을 사용하지 않고 있다. DM이 올 경우 블랙베리의 메시지로도 들어오면서 알려주기 때문에 중요한 것들은 놓치지 않는다.

트위터를 통해 정보를 수집하는 경우 어떻게 활용하는지?

현재 포털이나 언론 사이트보다 트위터를 통해 올라온 정보에 더욱 집중하고 있다. 이는 기존 언론보다 더 신뢰할 수 있는 분들이 올려 놓은 정보이고 양질의 우수한 내용들이기 때문이다.

이러한 정보들은 주로 외부에서 블랙베리로 트위터를 볼 때 중요하다고 생각되는 멘션(Mentions)에 별표(Make Favorite) 기능을 이용하여 체크한 뒤 웹에서 다시 보고 '원노트(Onenote)'라는 소프트웨어로 메모해 둔다.

원노트는 말 그대로 여러 형태의 정보를 메모해 둘 수 있는 소프트웨어로, 직접 타이핑하여 메모를 할 수 있고 이미지, 보이스(직접 녹음 가능) 등도 담아 둘 수 있다.

특히 신문을 보다가 가위로 잘라 커다란 파일에 넣어 두던 식의 스크랩처럼 웹사이트의 정보를 그대로 캡처 또는 카피해 둘 수 있다. 스크랩한 웹사이트의 출처 또한 자동으로 보관되어 나중에 원문을 찾기도 쉽다. 이렇게 보관한 정보는 블로그나 책 원고를 쓸 때 많은 도움이 된다.

앞으로 트위터 활용에는 어떤 변화가 올 것으로 예상하나?

『제4의 불』(정지훈 저)에서 "사람이 곧 플랫폼이다."라고 한 것처럼 휴먼 네트워크가 중심이 되는 사회가 되지 않을까 생각해 본다.

당연히 무선 네트워크 및 휴대용 단말기의 역할이 매우 커질 것이므로 스마트폰의 발전과 이를 활용할 수 있는 어플 개발에 촉각을 세우고 많은 관심을 두어야 할 것이다.

칫솔 최필식 님

■ 블로그/웹사이트
  http://www.chitsol.com/

■ 트위터 아이디
  @chitsol

업무상 또는 개인적으로 트위터를 어떻게 활용하고 있나?

점점 대화가 부족해지고 사람을 만날 수 있는 기회가 줄어들고 있는 요즘 다양한 목소리를 듣고 싶고 때론 말하기 위해서 자주 찾는다.

PC나 스마트폰 등 트위터를 좀 더 편하게 쓰기 위한 여러 장치를 찾고 응용 프로그램을 이용하고 있기는 하지만, 이들 프로그램이 중요한 것은 아닌 듯하다. 이들 프로그램은 어디까지나 이야기를 나눌 수 있는 길을 트는 역할을 할 뿐이니까.

트위터를 통해서 정보를 수집하는 경우 어떻게 하는지?

딱히 원하는 정보를 수집하기보다 다양하게 흘러 다니는 이야기를 그냥 보고만 있어도 정보로서 다가올 때도 많다.

업계의 다양한 소식도 그렇고 일상적인 이야기들도 때로는 정보로서 가치가 있다. 예를 들어 날씨나 교통 상황 같은 이야기를 들으면 어떤 곳에 갈 때 입을 옷이나 운전할 때 유의해야 할 곳 등을 미리 챙길 수 있다. 꼭 필요한 정보가 있을 때는 직접 물어보면 되기도 하고.

물론 이슈가 되는 이야기들 중에서 블로그의 이야기 소재로 삼는 것도 있고, 가끔 인용을 할 때도 있다. 다만 블로그에 쓰는 글에 비해 트위터 안에서 일어난 이야기를 아직 적극적으로 전하지는 않고 있다.

앞으로 트위터 활용에는 어떤 변화가 올 것으로 예상하나?

짧은 순간 나누었던 휘발성 강한 대화처럼 트위터 안에서는 정보 소비와 전파의 속도가 너무 빠른 것을 단점으로 지적하기도 하지만, 이 문제는 시스템적으로 보완될 것이고, 오히려 빠른 반응과 대응이 트위터의 강점으로 더 크게 부각될 것이다.

앞으로 트위터에 많은 사람들이 모여서 이야기를 나눌수록 여론을 대변하고 주도하는 거대한 공간으로 발전할 것이다. 막을 수 없는 거대한 여론의 공간이 만들어지면 모든 변화의 시발점은 트위터가 될지도 모를 일이다.

오소소 님

■ **블로그/웹사이트**
http://moonsongsoo.blogspot.com/

■ **트위터 아이디**
@ososo

업무상 또는 개인적으로 트위터를 어떻게 활용하고 있나?

개인 트위터 계정을 갖고는 있지만 거의 사용하고 있지 않으며, 역시 기계 엔지니어링 쪽은 트위터와는 아직 거리가 멀다. 별도의 아이폰 카페 계정을 갖고 있으며 8,000명이 넘는 팔로어가 있어서 카페 대소사나 주요 뉴스 등을 공유하고 있으며, 카페 내에서는 이야기하기 곤란한 내용들도 자유롭게 소통 중이다.

주로 웹에서 코트윗을 사용한다. 카페 계정은 나 말고 또 한 명이 같이 운영하고 있는데 여러 명이 한 계정을 업무적으로 관리할 때는 코트윗이 유용하다.

계정의 대표 관리자가 서브 관리자들에게 특정 트윗의 처리를 맡길 수 있으며, 또한 'archive' 기능이 있어서 처리 완료한 트윗을 메인 화면에서 뺄 수 있다(물론 나중에

archived 메뉴에서 찾아볼 수도 있다).

그 밖에 개인적으로 걸어다닐 때는 아이폰의 트윗버드를 쓰고, 데스크톱에서는 twtkr.com을 주로 사용한다. 둘 다 요즘 유행하는 떼멘션(한 트윗에 여러 사람의 아이디를 넣어 140자 한도 내에서 다수에게 보내는 멘션)에 적합하다.

트위터를 통해서 정보를 수집하는 경우 어떻게 하는지?

• 찾아 읽는 정보 : 재미있고 중요한 정보를 뿌려 주는 트위터리언들을 따로 리스트로 관리하며 읽고 있다. 정보를 제공하는 트위터리언의 취향에 따라 카테고리별로 정리하면 더 유익할 것 같다.

• 가려운 정보 : 뭔가 모르거나 궁금한 게 있을 때 트위터로 질문을 하면 집단 지성으로부터 답변을 얻을 수 있다. 가장 좋은 경우는 '지금 강남 사거리 날씨 어떤가요?' '올림푸스 PEN 써 보신 분 어떤가요?' 등.

• 불특정 정보 : 때때로 타임라인을 훑다 보면 뜻하지 않은 유익한 정보나 뉴스들을 접할 수 있다.

추후 재사용을 위하여 정보 중요도의 경중에 따라, 트위터의 즐겨찾기(favorite), 인스터페이퍼(Instapaper, 북마크 기능) 등을 사용하고 있다.

트위터에서는 즐겨찾기를 하고 구글 리더로 구독하고 있다. 즐겨찾기는 나중에 한꺼번에 확인하기 쉬우며, 재미있거나 중요한 자료를 처리해 놓고 그중 더 중요한 건 구글 리더에서 다시 한 번 즐겨찾기 해 놓는다.

인스터페이퍼로는 정말 중요하다고 생각하는 자료를 스크랩한다. 따라서 트위터의 즐겨찾기보다 훨씬 양이 적으나, 현재 중요하다고 생각하거나 내가 하려고 하는 업무와 딱 맞는, 재활용도가 높은 내용을 스크랩한다. 트윗 자체를 정리하기보다는, 트윗에 있는 쇼트 링크의 내용을 스크랩하는 편이다.

앞으로 트위터 활용에는 어떤 변화가 올 것으로 예상하나?

한글로 정제화된 뉴스보다 짧지만 신속한 뉴스를 받아보기에 좋다. 뉴스의 전달 속도는 더욱 빨라지겠지만, 한편 정보의 신뢰도에 대한 문제가 남을 것이다.

집단 지성으로부터의 답변을 들을 수 있는 만큼 정보를 얻기까지 시행착오가 많이 줄어들 것 같다. 단, 집단 지성이 늘 정답을 줄 거라는 착각에 사로잡힐 우려도 있다.

또 특정 자료를 만들기 위한 제반 데이터를 잘 쌓아 둘 수 있을 것 같다. 다만 정리하는 기술을 잘 다듬어야 할 것이다.

이러한 변화들이 모바일과 접목되어, 언제나 정보에 접속되어 있고 사용 준비가 되어 있는 환경이 조성될 것 같다. 다른 방향으로 보자면, 이러한 변화에 잘 적응하는 사람들과 그렇지 못한 사람들과의 정보 격차가 심화될 수도 있겠다는 생각도 든다.

트위터 200% 활용 7일 만에 끝내기

| 펴낸날 | 초판 1쇄 2010년 5월 13일 |
| | 초판 2쇄 2010년 6월 18일 |

지은이	홍순성
펴낸이	심만수
펴낸곳	(주)살림출판사
출판등록	1989년 11월 1일 제9-210호

경기도 파주시 교하읍 문발리 파주출판도시 522-1
전화 031)955-1350   팩스 031)955-1355
기획·편집 031)955-1364
http://www.sallimbooks.com
book@sallimbooks.com

ISBN   978-89-522-1432-4 .13320

※ 값은 뒤표지에 있습니다.
※ 잘못 만들어진 책은 구입하신 서점에서 바꾸어 드립니다.

책임편집 박진희